Willhild Angelika Kreitel

Ressource Wissen

Willhild Angelika Kreitel

Ressource Wissen

Wissensbasiertes Projektmanagement
erfolgreich im Unternehmen einführen
und nutzen

Mit Empfehlungen und Fallbeispielen

GABLER

Bibliografische Information der Deutschen Nationalbibliothek
Die Deutsche Nationalbibliothek verzeichnet diese Publikation in der
Deutschen Nationalbibliografie; detaillierte bibliografische Daten sind im Internet über
<http://dnb.d-nb.de> abrufbar.

1. Auflage 2008

Alle Rechte vorbehalten
© Gabler | GWV Fachverlage GmbH, Wiesbaden 2008

Lektorat: Ulrike M. Vetter

Gabler ist Teil der Fachverlagsgruppe Springer Science+Business Media..
www.gabler.de

Umschlaggestaltung: Nina Faber de.sign, Wiesbaden

Gedruckt auf säurefreiem und chlorfrei gebleichtem Papier

ISBN 978-3-8349-0448-5

Vorwort

Jahrelang habe ich mit wachsendem Interesse beobachtet, wie sich die Themen Wissen und Wissensmanagement von einer mit Skepsis behandelten Thematik zu einem Tummelplatz für Technikverliebte in den Unternehmen entwickelten.

Herausgefordert von äußerst kurzen Innovationszyklen auf dem Gebiet der Informations- und Kommunikations-Technologie und dem gut präsentierten Markt der Softwareindustrie mit phantastischen Suchmaschinen und Systemen zur Verwaltung der Inhalte auf elektronischen Plattformen, waren zahlreiche Unternehmen bereit zu investieren.

Sie erkannten jedoch erst danach ihre wahren Bedürfnisse und resignierten mit halbherzigen Dokumentenmanagement-Systemen. Sie nutzen heute nach wie vor ihre lieb gewonnenen Datenbanken und Excel-Tabellen und deklarierten diese gemeinsam mit Internet und Intranet als Lösungen zum Wissensmanagement im Unternehmen.

Welch ein technokratischer Ansatz, der durch Relativierung der Anforderungen und Zusammenführung technischer Komponenten Spielraum für pragmatische Lösungen in den Unternehmen lässt, die jedoch in vielen Fällen nur marginal etwas mit Wissensmanagement zu tun haben. Welch eine Missachtung der immateriellen Ressource Wissen bei zunehmender weltweiter Verknappung der materiellen Ressourcen!

In der Wahrnehmung und Behandlung des Mitarbeiters mit seinem Wissen als Basisressource im Unternehmen liegt der Schlüssel zum Geschäftserfolg.

Alle anderen Faktoren wie Technik, Technologie und Organisation sind bestenfalls unterstützendes Beiwerk auf dem Weg zum Erfolg.

Diese Szenarien im Hinterkopf und getrieben von der Sorge, dass kleine und mittelständische Unternehmen das Ende des Zuges zum Thema Wissensmanagement verpassen und damit Chancen im internationalen Wettbewerb vergeben, entstand dieses Buch.

Mein Anliegen ist es demzufolge,

1. eine nicht technokratische und kohärente Betrachtung der Themen Wissen, Wissensmanagement und Projektmanagement zu bieten und

2. den Unternehmen bei der Wahrnehmung und dem erfolgreichen Einsatz der Basisressource unterstützend zur Seite zu stehen.

Das Buch richtet sich an Unternehmen mit großem Interesse an der immateriellen Ressource Wissen und dem Bedürfnis, die inhärente Chance für den Geschäftserfolg zu nutzen. Es wendet sich an Unternehmen, die die Notwendigkeit und Bedeutung des Wissensmanagements erkannt haben und nach praktikablen, kostensparenden und erfolgreichen Lösungen suchen.

Neben einer nicht technokratischen Abhandlung zum Wissen, zum Wissensmanagement und seinen erfolgskritischen Faktoren wird in diesem Buch ein Leitfaden zur praktischen Vorgehensweise in Form von Empfehlungen aus der Praxis für die Praxis geboten. Beispiele erfolgreich gelebten Wissensmanagements in der Praxis runden die Inhalte ab.

Zu großem Dank bin ich auch der verantwortlichen Cheflektorin, Frau Ulrike M. Vetter, für ihre großzügige Unterstützung des Buchprojektes verpflichtet.

Ein ganz besonderer Dank gilt meinem Lebenspartner Dr. Wolf Neddermeyer für seine unermüdliche Geduld und für sein Interesse an diesem Thema. Er hat sich als wertvoller Diskussionspartner erwiesen.

Widmen möchte ich das Buch meinem Sohn Rolf, der mich zum Disput und zum Schreiben herausgefordert hat.

Für Rolf

Wiesbaden, im Mai 2008   Willhild Angelika Kreitel

Inhaltsverzeichnis

Einleitung

Auf den ersten Blick scheint mit der Entwicklung der elektronischen Kommunikations-Technologie als Verarbeitungs- und Übertragungsmedium die Bedeutung der Kategorie Wissen für die Unternehmen gestiegen zu sein. Das ist jedoch nicht der Fall. Die Bedeutung des Wissens für den Unternehmenserfolg ist keineswegs gestiegen, sondern permanent gleich hoch geblieben. Diese wurde lediglich mal stärker, mal schwächer wahrgenommen.

Der Ruf nach Wissensmanagement ist ein Hilferuf nach Möglichkeiten, der angeblich gestiegenen Bedeutung des Unternehmenswissens als Erfolgsfaktor Rechnung zu tragen.

Doch wie wird Wissensmanagement in der Praxis verstanden und behandelt?

- Ist es die technokratische Sicht des Wissensmanagements als Einheit von Übertragung, Verarbeitung und Bereitstellung von Unternehmenswissen in Form von explizitem Wissen.

- Ist es die Sicht der Behandlung der immateriellen Ressource Wissen einschließlich des Managements der Mitarbeiterressourcen.

- Ist es die Sicht, die der Philosoph Platon bereits vor ca. 2300 Jahren hatte, als er schrieb:

„Wenn zwei Knaben je einen Apfel haben und sie diese Äpfel tauschen, hat am Ende auch nur jeder einen. Wenn aber zwei Menschen je einen Gedanken haben und diese tauschen, hat am Ende jeder zwei Gedanken."

Hat tatsächlich jeder beim Wissensaustausch zwei Gedanken? Das bezweifle ich stark. Der Fall wird nur dann eintreten, wenn mindestens zwei Bedingungen erfüllt sind:

Es muss sowohl eine Bereitschaft zur Aufnahme bereits vorhandenen Wissens bestehen als auch eine Wissenstransformation, die Umwandlung von verfügbarem in anwendbares Wissen, möglich sein. Dazu sind ein vertrauensvoller und die Kommunikation fördernder Handlungsrahmen und Bedingungen zur Identifikation, Aufnahme, Bewertung und Anwendung von Wissen im Arbeitsprozess vonnöten. Außerdem erfordert es einen hohen Grad an Motivation, Wissen anderer anzunehmen und anzuwenden und Wissen anderen zur Verfügung zu stellen. Das wiederum hat sehr viel mit Unternehmenskultur und Entwicklung der Mitarbeiter zu Unternehmenspersönlichkeiten zu tun.

Welche Sicht bereits besteht bzw. angestrebt wird, diese Frage muss sich jedes Unternehmen selbst beantworten. Die Antworten sollten allerdings mit dem Maßstab des Unternehmenserfolgs und der Wettbewerbsfähigkeit bewertet werden. Nur so gelangen die Unternehmen zu einer realistischen Einschätzung ihres bereits gelebten Wissensmanagements und dessen notwendiger Optimierung.

Intention des Buches ist es, die nicht technokratische Sicht in Einheit mit der Ressource Mensch aufzuzeigen und zur Veränderung des Wissensmanagement in diese Richtung in den kleinen und mittelständischen Unternehmen aufzurufen und beizutragen.

Drei Dinge sind es, die den nicht technokratischen Ansatz herausfordern:

1. Erst die Betrachtung des Wissens als höhere Qualität und nicht nur andere Quantität gegenüber den Informationen bedeutet für das Wissensmanagement, nach Lösungen zu suchen, die den nicht technokratischen Ansatz berücksichtigen.

2. Erst das Begreifen, dass Wissen unwiderruflich an den Menschen gebunden ist und lediglich zur Dokumentierung und Weitergabe technische Unterstützung braucht, lässt Freiräume für bisher unübliche Methoden des Wissensmanagements.

3. Erst eine ganz enge Bindung des Wissensmanagements an das Ressourcenmanagement führt die Reduzierung auf das explizite Wissen ad absurdum.

Intention des Buches ist es, den Hilferuf der Praxis nach handhabbarem, kostensparendem und Erfolg versprechendem Wissensmanagement aufzunehmen, Fragen zu beantworten, Empfehlungen aus verfügbarem Wissen heraus zu geben und Beispiele wirken zu lassen.

Die folgenden Aussagen sollen den Leser aus dem Kreis der kleinen und mittelständischen Unternehmen auf die Buchinhalte einstimmen und neugierig machen:

- Unternehmenswissen ist mehr als eine Daten- und Informationssammlung. Wissen ist an den Menschen gebunden (siehe Kapitel „Information ist noch kein Wissen").

- Wissensmanagement findet zuallererst in den Köpfen der Menschen und durch die Kommunikation zwischen ihnen statt (siehe Kapitel „Strategie der Zukunftsbefähigung – Wissen als Überlebensgarant für Unternehmen").

- In der Wahrnehmung und Behandlung des Mitarbeiters mit seinem Wissen als Basisressource im Unternehmen liegt der Schlüssel zum Geschäftserfolg (siehe Kapitel „Strategie der Zukunftsbefähigung – Wissen als Überlebensgarant für Unternehmen").

- Die Gleichsetzung von Wissenstransfer und Wissenstransformation stellt einen gefährlichen Irrtum dar. Wissenstransfer ist unter den heutigen technischen und technologischen Bedingungen unproblematisch. Wissenstransformation als Umwandlung verfügbaren Wissens in anwendungsbereites Wissen ist eine Herausforderung (siehe Kapitel „Gestaltungskonzepte des Wissensmanagements für Projektarbeit").

- Ein „wissendes Unternehmen" ist noch lange kein „lernendes Unternehmen" (siehe Kapitel „Gestaltungskonzepte des Wissensmanagements für Projektarbeit").

- Projekte als spezifische Bewegungsform zur Leistungserbringung leben von ihrer Dynamik und den handelnden Personen. Gerade Dynamik und Unruhe im geregelten Organismus „Unternehmen" bieten eine hervorragende Chance, die Vorzüge des Wissensmanagements zur Lösung der Aufgabenstellung unter Zeit- und Innovationsdruck zu nutzen (siehe Kapitel „Gestaltungskonzepte des Wissensmanagements für Projektarbeit").

Unternehmen, die sich nicht scheuen, sich in aller Regelmäßigkeit den Spiegel vorzuhalten, gelangen schneller zu einem erfolgreichen Wissensmanagement. Mitarbeiterbefragungen sind eine leicht handhabbare und Vertrauen kreierende Methode zur Analyse des tatsächlichen Standes der Wirksamkeit von Wissensmanagement im Unternehmen. Die Einbeziehung der Ergebnisse in die Veränderungsprozesse werden zum wirksamen Instrument für kostensparendes und Erfolg versprechendes Wissensmanagement (siehe Fragenbogen-Beispiel und Auswertungen im Kapitel „Beispiele – Gelebtes Wissensmanagement bei der Realisierung von Projekten in der Praxis").

Information ist noch kein Wissen

1.   Daten, Informationen, Wissen

Was wird den ganzen Tag kommuniziert? Wollen die Empfänger das alles lesen oder hören, ist es relevant für den Arbeitsprozess, befriedigt es den Informationsbedarf oder halten solche Tätigkeiten wie Lesen, Kopieren und Ablegen nur von der Arbeit ab?

Es ist nicht nur ein theoretischer Ansatz, zwischen Daten, Informationen und Wissen zu unterscheiden. Die Praxis in den Unternehmen beweist, dass eine Beschäftigung mit den Unterschieden der Kategorien Daten, Informationen, Wissen und letztendlich die differenzierte Behandlung im Arbeitsprozess von immenser Bedeutung zur effizienten Nutzung der eigenen Ressourcen sind.

Davenport weist darauf hin, „dass Daten, Informationen und Wissen keine austauschbaren Konzepte sind. Erfolg beziehungsweise Misserfolg von Unternehmen hängen unter Umständen entscheidend davon ab, dass man weiß, ob Daten, Informationen oder Wissen benötigt werden, was davon vorhanden ist und was mit dem einen oder anderen bewirkt werden kann." [Davenport et al. 1999, S. 25 ff.]

Anknüpfend daran müssen die Unternehmen noch einen Schritt weitergehen. Neben der Erkenntnis, dass die Differenzierung nicht nur ein theoretisches Problem, sondern eine Notwendigkeit ist, muss der nächste Schritt zur Gestaltung bzw. zum Management dieser Kategorien insgesamt und der Kategorie Wissen im Besonderen erfolgen. Damit schützen sich die Unternehmen vor Datenüberflutung, Daten- und Informationsfriedhöfen und unzureichendem Wissen.

Eine Untersuchung in einem Konzern der Automobilbranche ergab, dass das Unternehmen mit über 50.000 Mitarbeitern ca. 4 T Byte neue Mails im Jahr erhalten hatte, und davon waren 75 % als CC-Mails versendet worden. Das Unternehmen muss agieren. Es muss diese Art der Kommunikation einschränken, neue Organisationsformen finden und Daten, Informationen und Wissen differenzieren und managen.

Visualisieren lässt sich der Zusammenhang der Kategorien Daten, Informationen und Wissen über Bilder wie Treppen und Pyramiden, die eine hierarchische Zuordnung bzw. mengenmäßige Verjüngung von Kategorie zu Kategorie ausdrücken. Wichtige Erkenntnis ist, dass es notwendig ist, alle drei Kategorien sinnvoll zu nutzen, um die Wettbewerbsfähigkeit zu sichern. Dazu müssen die Abgrenzungskriterien bekannt und verinnerlicht sein.

Abbildung 1 zeigt den Treppenansatz in Anlehnung an die Wissenstreppe von North [vgl. North 2005, S. 41].

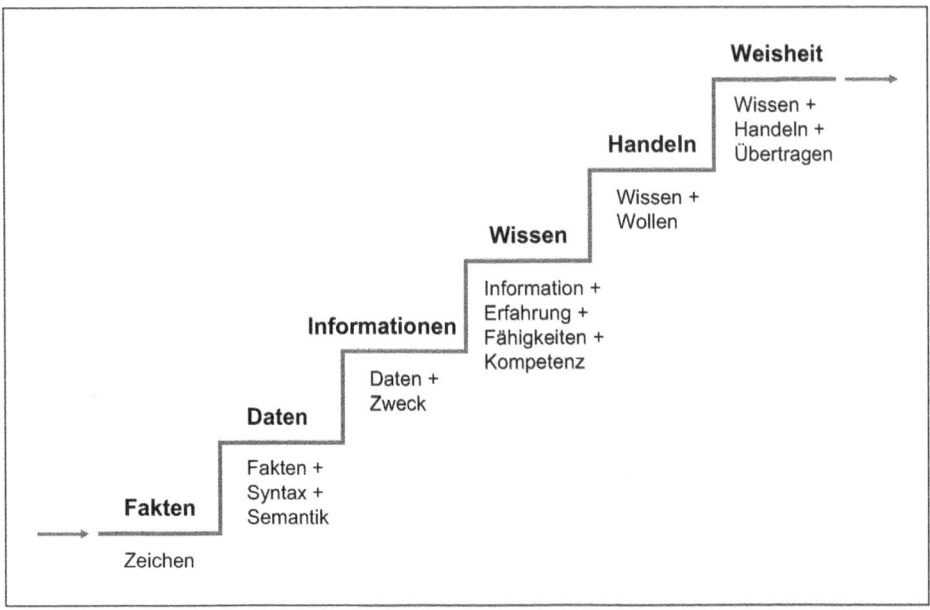

Abbildung 1:   *Treppe von den Fakten zur Weisheit*

Fakten stehen hierbei auf der untersten Ebene. Sie sind als Zeichenfolgen zu definieren und werden erst dann zu Daten, wenn der Empfänger sie syntaktisch und semantisch verstanden hat.

Daten sind als Zeichenfolgen aus einem gemeinsamen Zeichenvorrat von Sender und Empfänger zu definieren, die semantisch verstanden werden, also Merkmale eines bereits beim Empfänger definierten Merkmalsbereichs darstellen. Sie bilden das Material für die Informationen.

Informationen entstehen immer dann, wenn den Daten eine Bedeutung im Sinne einer Zweckerfüllung mitgegeben wird.

Da der Zeitpunkt der Zweckerfüllung nicht immer vorhersehbar ist, verbietet ein zeitnahes und modernes MIS (Managementinformationssystem) eine Speicherung von Informationen. Vielmehr erzeugt es im Moment des Bedarfs Informationen aus aktuellen Datenbeständen.

Wenn das Aufnehmen von Daten z. B. beim Manager zu einer Reaktion führt und damit einen Zweck erfüllt, dann war der Manager im wahrsten Sinne des Wortes informiert. Er hat nicht nur etwas gehört oder registriert, sondern aufgrund seiner bereits vorhandenen Kenntnisse und individuellen Voraussetzungen die Information in eine Entscheidung zur Erreichung eines Ziels umgesetzt.

Der Ausspruch eines Geschäftsführers eines großen Finanzdienstleisters: „Ich leide nicht an Daten- und Informationsmangel, sondern an Mangel relevanter, aktueller Daten, die in Entscheidungssituationen auf Knopfdruck als Information zur Verfügung stehen, mir also etwas nützen ..." trifft genau die Situation in vielen Unternehmen.

Dem Ruf nach Daten und Informationen verbunden mit einer entsprechenden Technikverliebtheit folgend, entstanden und entstehen nicht nur Datenfriedhöfe, sondern auch Data Warehouses mit gespeicherten Informationen, die das Verfallsdatum bereits überschritten haben. Die Manager aber werden trotz Investitionen ins Informationsmanagement mit ihren Informationsbedürfnissen allein gelassen.

Nicht aus jedem Datum wird eine Information oder, anders formuliert, nicht jedes Datum trägt zur Befriedigung der Informationsbedürfnisse bei, aber jede Information besteht aus Daten. Um letztlich einer praktikablen und profitablen Lösung Vorschub zu leisten, kommt es weniger auf technische Lösungsmöglichkeiten an als vielmehr auf die Bewertung der Daten mit dem Maßstab, wie die Informationsbedürfnisse befriedigt werden können.

Benötigt werden kontrollierte Datenmengen mit entsprechender Datenqualität als Material für notwendige Datenreports und Informationen im Entscheidungsprozess.

Leider zeigt die Praxis, dass es durch

▓ ungenaue Anforderungsdefinitionen,

▓ nicht aktualisierte Filter bei kontinuierlichen, immer wiederkehrenden Informationsprozessen,

▓ nicht sauber formulierte Umgangsregeln mit Daten und Informationen und

▓ Angst vor Informationsdefiziten

tatsächlich zur Daten- und Informationsüberflutung kommt, die durch die Empfänger nicht beherrscht werden kann. Diese wird letztlich viel gefährlicher und risikoreicher für den Entscheidungsprozess als ein Mangel an Informationen.

Um dies zu verhindern, sind, wie bereits erwähnt, die Analyse und Elaboration der Informationsbedürfnisse und die Einhaltung gesetzter Qualitätskriterien für Datenbestände entscheidend.

Als wichtige Qualitätskriterien sind zu beachten:

▓ *Aktualität*
Soll heißen, dass sich alle Daten in demselben vorgegebenen Aktualitätsgrad befinden.

▓ *Konsistenz*
Soll heißen, dass aufgrund redundanter Datenhaltung alle Werte ein und desselben Datums sich in einem widerspruchsfreien Zustand befinden.

▓ *Integrität*
Soll heißen, dass sich der Datenumfang an den Inhalten der Auswertung bzw. am Informationsbedarf orientiert.

▓ *Temporalität*
Soll heißen, dass die Daten mit einem Zeitstempel versehen über einen festzulegenden Zeitraum zur Verfügung stehen.

Die folgenden Leitsätze haben sich als Ausgangssituation zur Verbesserung des Informationsmanagements in der Praxis bewährt:

1. Ein Mehr an Daten führt noch lange nicht zu einem Mehr an Informationen.

2. Schlechte Datenqualität hat fatale, destruktive Wirkung auf Informationsprozesse und Entscheidungssituationen.

3. Es besteht die dringende Notwendigkeit zur Bewertung der Datenbestände.

4. Bewertungskriterien sind sowohl kontinuierliche, kalkulierbare als auch diskontinuierliche, nicht kalkulierbare Informationsbedürfnisse und die Erfüllung der Qualitätskriterien.

5. Es besteht die dringende Notwendigkeit des permanenten Abgleichs der Informationsbedürfnisse mit der tatsächlichen Befriedigung dieser.

6. Elektronische Medien zur Speicherung, Verarbeitung und Kommunikation müssen an der ermittelten Menge und Qualität ausgerichtet werden – und *nicht* umgekehrt.

Erst wenn diese Leitsätze bewusst gemacht und verinnerlicht worden sind, verspricht ein Informationsmanagement Erfolg.

2.   Wissen als immaterielle Ressource

2.1   Wissen – Begriffliche Ebene

Um die Kategorie Wissen sinnvoll für die Unternehmen zu definieren, erscheint die Herleitung des Wissens über Daten, Informationen und Erfahrungen in der Anwendung als ein geeigneter Erklärungsansatz. Lässt sich doch die Aggregation der Informationsbasis und Kombination mit der Handlungsnotwendigkeit sehr plausibel als Entstehung von Wissen beschreiben und auch die Aufbewahrung, Aktualisierung und Weitergabe von Wissen unter Einbeziehung elektronischer Hilfsmittel begründen.

Abbildung 2 zeigt neben der „Wissenstreppe" als hierarchischen Definitionsansatz den prozessorientierten Ansatz, bei dem Wissen definiert wird als Transformationsprozess der Kategorien Daten, Informationen und Wissen mit Feedback aus dem Ergebnis der Problemlösung und Rückwirkung auf Datenbestände, Informationsverarbeitung und Lernprozesse zur Anreicherung von Wissen.

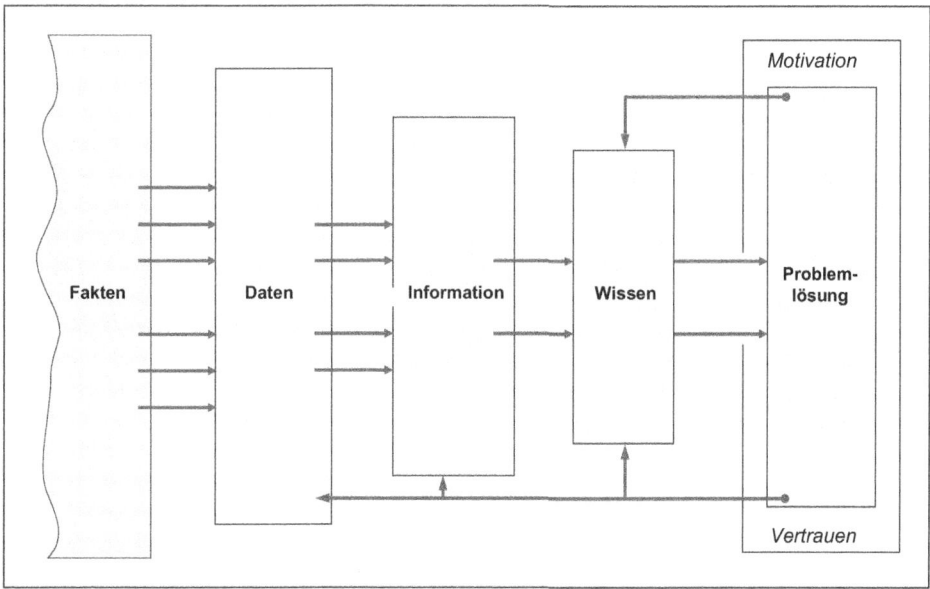

Abbildung 2: *Transformationsprozess von Daten zum Wissen*

Wissen als Ergebnis eines Transformationsprozesses von Daten und Informationen, angereichert mit Erfahrung und bewertet durch den Anwendungsfall, darzustellen, ergibt vor allem bezogen auf die Beschreibung der immateriellen Ressource „Wissen" einen Sinn. Der Prozess endet auch nicht mit der Entstehung von Wissen aus Informationen, sondern erhält durch die Weitergabe von Wissen und der nachfolgenden Kreation neuen Wissens eine Rückkopplung auf höherem Niveau.

Beide Definitionen von Wissen, die hierarchische und die prozessorientierte, sollten spätestens dann vereint werden, wenn es sich um die Darstellung der immateriellen Ressource Wissen in Einheit von individuellem und organisationalem Wissen handelt. Ein Versuch wird in Abbildung 3 unternommen.

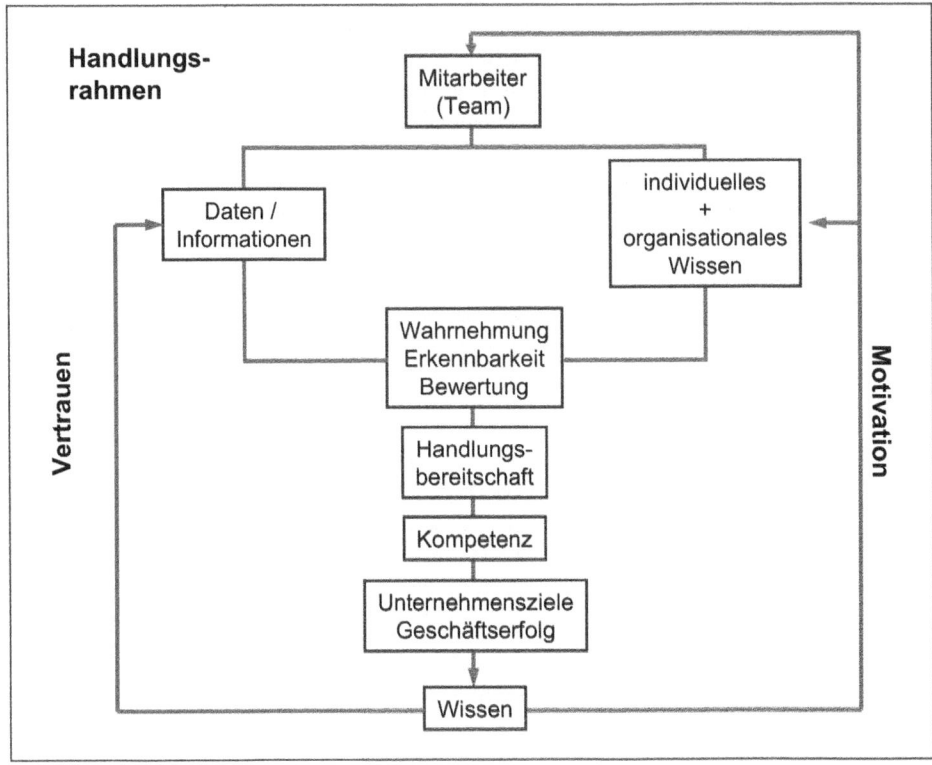

Abbildung 3:   *Einsatz und Veränderung der immateriellen Ressource Wissen*
im Problemlösungsprozess

Nach dieser Darstellung wird Wissen als Ressource, im eigentlichen Sinne des Wortes als Hilfsmittel zur Lösung von Aufgaben, nicht losgelöst vom Menschen betrachtet.

Den Mitarbeitern wird ein Handlungsrahmen, der u. a. von Routinetätigkeiten und kreativen Anteilen geprägt ist, vorgegeben, in dem diese mit den vorhandenen Fähigkeiten und Kenntnissen Informationen wahrnehmen, bewerten und verarbeiten, Zusammenhänge und Entscheidungssituationen erkennen und im Rahmen der Handlungsbereitschaft handeln.

Erst in dieser Komplexität, gebunden an die Ressource Mitarbeiter, wird die immaterielle Ressource Wissen zum Geschäftserfolg beitragen.

Zur Manifestierung dieser Aussage sind zwei Aspekte hervorzuheben.

Erstens

Dokumentiertes Wissen in Form von Verfahrensregeln, Prozessabläufen, Erfahrungsberichten stellt einen wichtigen Baustein auf dem Weg zur Nutzung der Ressource Wissen dar. Jedoch wäre es der kurzsichtige Ansatz im Rahmen des Wissensmanagements, den Fokus auf diese eine Seite zu legen.

So wird ein dokumentiertes Regelwerk zur Projektarbeit, z. B. ein Handbuch, auch wenn es noch so gut sein mag, noch lange nicht zum gewünschten Erfolg im Projektmanagement führen.

Erst das individuelle Wissen und die Handlungsbereitschaft der Projektleiter und Teammitarbeiter, verbunden mit der Bereitschaft zur Aufnahme bereits vorhandenen Wissens und zum Kreieren neuen Wissens, werden die Wirkung der Ressource Wissen auf den Projekterfolg entfalten.

Zweitens

Dieselbe Information wird aufgrund unterschiedlicher Erfahrungshintergründe und damit unterschiedlicher Wahrnehmung zu differenzierter Bewertung und Handlung führen. Antoine de Saint-Exupéry beschreibt die selektive Wahrnehmung der Menschen wie folgt: „Für die einen, die reisen, sind die Sterne Führer. Für die anderen sind sie nichts als kleine Lichter. Für wieder andere, die Gelehrten, sind sie Probleme." [Saint-Exupéry 2004, S. 86]

Die Handlung, die Reaktion im Arbeitsprozess, erfolgt schließlich über die Informationsaufnahme, die selektive Wahrnehmung und Bewertung, sodass dieselbe Information bei drei unterschiedlichen Personen des Managements zu drei differenzierten Bewertungen und schließlich Entscheidungen führt, wie das folgende Beispiel zeigt.

Die Information: *Der Umsatz von Produkt X ist im Vergleich zum selben Zeitraum des Vorjahres um 30 % gesunken.*

Manager	Bewertung/Ursache	Handlung/Entscheidung
A	Das Image des Unternehmens hat gelitten	Kundenbefragung durchführen, um Ansätze zur Imageverbesserung zu erhalten
B	Das Produktportfolio des Unternehmens stimmt nicht	Produkt- und Marktanalyse durchführen, um ggf. Produkt X aus dem Portfolio zu nehmen
C	Die wirtschaftliche Gesamtsituation hat sich verschlechtert	Studium der Entwicklungsprognosen und ggf. Veränderung der Geschäftsstrategie

Dieses Beispiel aus der Praxis macht die Möglichkeiten und auch die Grenzen der Nutzung von Wissen für den Geschäftserfolg sehr deutlich.

Wenn Daten das Material für Informationen darstellen, dann sind Informationen eine Verarbeitungs- und Anwendungsstufe des Materials und ein Baustein im Handlungsprozess.

Wissen wird als das Ergebnis des Handlungsprozesses und zugleich als seine Voraussetzung definiert. Die Entstehung des Wissens wird durch die individuellen Bedingungen des Menschen beeinflusst. Dies führt dazu, dass sich das Wissen nicht quantifizieren, nur zum Teil kalkulieren und nur zum Teil kommunizieren lässt.

Die Ressource Wissen ist somit an die Ressource Mensch gebunden und verstärkt oder schwächt andere Ressourcen im Arbeitsprozess. In der Wahrnehmung und Behandlung des Menschen mit seinem Wissen als Basisressource im Unternehmen liegt der Schlüssel zum Geschäftserfolg.

Demzufolge findet Wissensmanagement auch zuallererst in den Köpfen der Menschen und durch die Kommunikation zwischen ihnen statt.

Die Auswirkungen dieser Erkenntnis werden in Kapitel „Strategie der Zukunftsbefähigung – Wissen als Überlebensgarant für Unternehmen" in Absatz 1 „Wissensmanagement als Bewegungsform zum Schutz des Wissens gegen Ignoranz im Unternehmen" behandelt.

2.2   Klassifizierung des Wissens

Klassifizierungen schärfen den Blick für die Inhalte und gestatten oftmals einen effizienteren Einstieg in ein Thema über ein Durchbrechen der holistischen Ansätze. Damit wird es den Unternehmen leichter gemacht, sich dem Ganzen zu nähern.

Zum Thema Wissen und Wissensmanagement werden in den theoretischen Disputen Wissensklassen oder Wissensarten ins Spiel gebracht, die sich auf das kognitive Wissen beziehen [vgl. Kreidenweis et al. 2006, S. 12 ff.] und, wie in der Praxis beobachtet, dem Verständnis und der gezielten Einflussnahme auf die Nutzung der Ressource Wissen dienen.

Eine mögliche Klassifizierung, die nicht den Anspruch auf Vollständigkeit erhebt und sich auf wesentliche, für die Praxis sinnvolle Klassen beschränkt, wird diesem Buch zugrunde gelegt.

Es wird klassifiziert nach:

▪ *Manifestationsgrad*
Wissen, das offengelegt und für alle nutzbar ist, oder nicht offengelegtes Wissen, das der Wissensträger selbst benutzt.

▪ *Prozessnähe*
Wissen, das unmittelbar während des Prozessablaufs, nach Ablauf des Prozesses oder in Abstraktion zum Prozess steht und entsteht.

■ *Organisation*
Wissen, das in einer Organisation für alle Mitglieder vorhanden ist oder bei den einzelnen Mitgliedern liegt.

■ *Inhalt*
Wissen, über das der Generalist oder der Spezialist verfügt bzw. das er im Arbeitsprozess benötigt.

■ *Entstehung*
Wissen, das durch aktive Handlungen oder passive Aufnahme entsteht.

■ *Form*
Wissen, das in verschiedenster Art und Weise dokumentiert oder nicht dokumentiert ist.

■ *Abrufbarkeit*
Wissen, das sofort verfügbar ist oder erst aktiviert werden muss.

Abbildung 4 zeigt die Elemente innerhalb der Klassen.

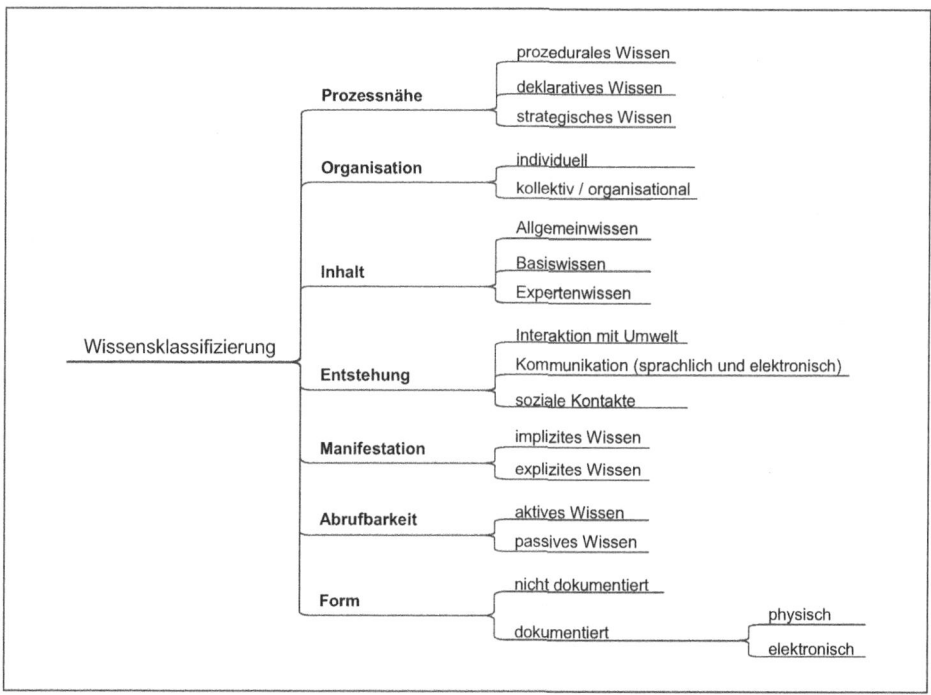

Abbildung 4: *Klassifizierung der Kategorie Wissen in Anlehnung an Kreidenweis*

Da die Klassifizierung nach Manifestation und Organisation erwiesenermaßen bei der Realisierung von Wissensmanagement im Unternehmen sinnvoll ist, wird darauf im Folgenden näher eingegangen.

2.2.1   Explizites und implizites Wissen

Unter *explizitem Wissen* soll an dieser Stelle dokumentiertes Wissen, in welcher Form auch immer, verstanden werden, welches vom Wissensträger abgekoppelt dem Wissenssuchenden zur Verfügung gestellt wird. Es veraltet im Moment der Dokumentation und beweist seine Nützlichkeit erst im konkreten Anwendungsfall. Voraussetzung für die Nützlichkeit ist allerdings nicht nur die Anwendung selbst, sondern deren Effizienz. So führen unverständlich geschriebene, veraltete Prozessdokumentationen eher zu einem Mehraufwand als zu einer Einsparung bei der Prozessgestaltung.

Explizites Wissen lässt sich quantifizieren, allerdings sollte Masse nicht mit Qualität der Befriedigung des Wissensbedarfs verwechselt werden.

Explizites Wissen ist zur Weitergabe und Nutzung des Wissens in den Arbeitsprozessen notwendig. Es stellt aber nur einen Teil des Unternehmenswissens dar und wird oftmals in seiner Wirkung überschätzt, ohne dass man sich die Mühe macht, den anderen Teil, das implizite Wissen, zur Problemlösung heranzuziehen bzw. im Rahmen des Wissensmanagements zu aktivieren.

Unter *implizitem Wissen* wird das an den Menschen gebundene, in ihm eingeschlossene, unausgesprochene Wissen verstanden, das auf subjektiver Wahrnehmung, persönlichen Erziehungs- und Lernprozessen und Erfahrungen beruht. Es wird von Nonaka auch als stilles Wissen bezeichnet, um die Schwierigkeit des Aufspürens und der Weitergabe deutlich zu machen.

Nonaka sieht in der Umwandlung von implizitem in explizites Wissen den Schlüssel zum Unternehmenserfolg [vgl. Nonaka et al. 1 1995, S. 59ff.]. Er kreiert das Modell der Spirale des Wissens [Nonaka et al. 1 1995, S. 72], welches in der Abbildung vereinfacht wurde.

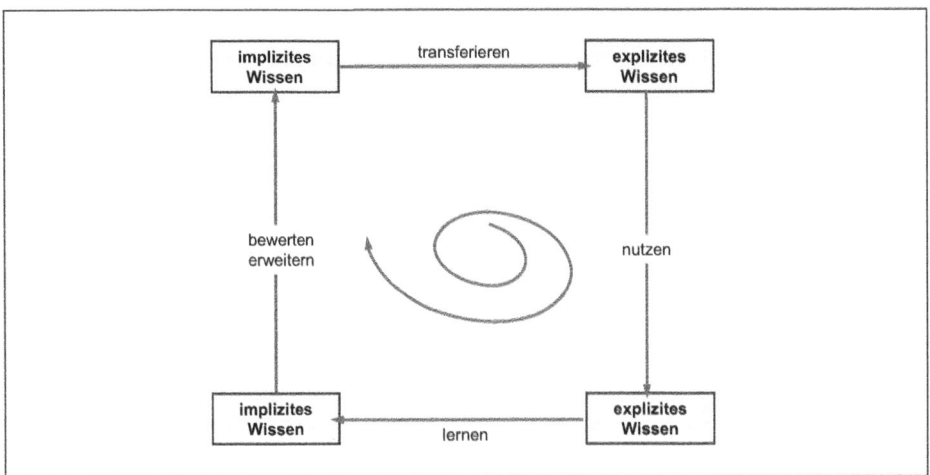

Abbildung 5:   *Wissensspirale in Anlehnung an Nonaka*

Zunächst eignen sich die Mitarbeiter im Lebens- und Arbeitsprozess über die Sozialisation Wissen an, welches sie ungefragt weitergeben (Externalisation). Ihr implizites Wissen wandelt sich in explizites Wissen um. Sobald dieses nach Regeln bearbeitet, formalisiert und dokumentiert Dritten im Unternehmen zur Verfügung gestellt wird, spricht Nonaka von Kombination. Die Nutzung dieses expliziten Wissens im Arbeitsprozess führt wiederum zur Vertiefung und Erweiterung der impliziten Wissensbasis der Mitarbeiter, indem während des Arbeitsprozesses das formalisierte Wissen verinnerlicht wird (Internalisierung). Nun beginnt der Kreislauf von vorn, allerdings auf anderem Niveau.

Selbstverständlich ist es notwendig und wichtig, möglichst viel von dem in der Organisation vorhandenen impliziten Wissen für einen breiten Kreis von Mitarbeitern verfügbar zu machen. Dies bringt allerdings nur dann den gewünschten Erfolg, wenn drei Bedingungen erfüllt sind:

- Bewertung der expliziten Wissensbestände nach dem Grad der Bedarfsbefriedigung.

- Ob Wissen nützlich sein kann, ist keine Frage des Wissens, sondern der Situation, in der sich die Unternehmen befinden [vgl. Liessmann 2006, S. 2].

- Verständlichkeit und Aktualität des dokumentierten Wissens, ohne den Wissensträger bemühen zu müssen.

- Handlungs- und Lernbereitschaft im Umgang mit bereits dokumentiertem Wissen.

Als weit effektivere Möglichkeit der Nutzung von implizitem Wissen in den Arbeitsprozessen wird die Einbeziehung der Fachkräfte selbst gesehen, sei es über eine direkte, aktive Mitarbeit im Projekt oder über temporäre Kontakte bzw. Konsultationen via Kommunikationsplattformen der unterschiedlichsten Art.

Durch die Kommunikation wird das Wissen in den Köpfen der Mitarbeiter abgefragt, welches oftmals nicht dokumentiert bzw. nicht dokumentierungsfähig ist, und unmittelbar, ohne zeitraubende Zwischenschritte, einbezogen.

2.2.2   Individuelles und organisationales Wissen

Während sich die Klassifizierung in explizites und implizites Wissen auf das Wissen selbst und dessen Weitergabemöglichkeiten bezieht, sind die Klassen individuelles und organisationales Wissen auf die Organisation bzw. die Person als Wissensträger bezogen.

Das *individuelle Wissen* in Form von explizitem und implizitem Wissen ist an Personen gebunden und bildet die Grundlage für das Unternehmenswissen, da nur das Individuum in der Lage ist, durch Transformation der Information im Handlungsprozess Wissen zu kreieren.

Das Unternehmenswissen oder auch *organisationale Wissen* umfasst sowohl das explizite als auch das implizite Wissen eines Unternehmens und ist nach Probst mehr als die Summe des Wissens einer Anzahl von Individuen [vgl. Probst et al. 2003, S. 43]. Das Mehr rekrutiert sich aus im Unternehmen während der Arbeitszeit erworbenem, kollektivem Wissen, was wiederum sowohl als explizites als auch als implizites Wissen vorhanden ist und vor allen Dingen ein Unterscheidungsmerkmal zu anderen Unternehmen (Organisationen) darstellt. Hier liegt auch der praktische Sinn, eine derartige Klassifizierung zu übernehmen. Allerdings darf das Ganze nicht aus den Augen verloren werden, denn dann gereichen Teilerfolge nicht dauerhaft zum Wettbewerbsvorteil.

So stellt die Einführung eines Dokumentenmanagementsystems, einer elektronischen Akte oder einer Wissensdatenbank, mit entsprechenden Suchfunktionen über Intranet verfügbar, einen ersten Schritt zum Management von explizitem Wissen als Teil des organisationalen Wissens dar. Diese Maßnahmen helfen bei der Systematisierung und Nutzung des expliziten Wissens im Unternehmen, lassen aber noch jegliche Nutzungsmöglichkeit des impliziten Wissens außer Acht.

3.   Wenn Stufen zu Hürden werden: Wiederverwendung – Wiederverwendbarkeit – Kreativität

Hinter dem Begriff *Wiederverwendung* des Wissens stehen ganz alltägliche Vorgänge, wenn nämlich unter gegebenen Bedingungen aus der Erfahrung heraus dieselbe Prozedur durchlaufen oder dieselben Werkzeuge benutzt werden, um eine Aufgabe zu lösen.

In der Regel sind diese Arbeitsschritte oder Werkzeuge in einer Organisation definiert, vorgegeben und müssen, wenn der beschriebene Fall eintritt, auch eingehalten oder benutzt werden.

Kriterien für die Wiederverwendung sind unter anderem:

- Möglichkeit der Abstraktion vom konkreten Fall und Verallgemeinerung für eine Klasse von Fällen,
- Möglichkeit der Bildung von Standards für den Einsatz bei einer signifikanten Menge von Fällen,
- Kosten- und Zeiteinsparung bei der Lösung ähnlicher Aufgaben.

Der Mechanismus der Wiederverwendung macht Wissen für alle und jeden Arbeitsprozess zugänglich, denn Wissen wird erst dann wertvoll, wenn bekannt ist, wo Wissen innerhalb oder außerhalb der Organisation vorhanden ist und wie es für die Organisation verfügbar gemacht werden kann.

Die Gefahr dabei ist jedoch, dass die Wiederverwendung bei genügend wiederkehrender Handhabung in eine Routine mündet und zur Ausschaltung der notwendigen Denkprozesse bei der Ausführung verführt und demzufolge in gedankenloser Tätigkeit ohne kreative Anteile endet.

Aus diesem Grunde muss vor der Wiederverwendung des organisationalen Wissens die Überprüfung der *Wiederverwendbarkeit* stehen.

Eine Möglichkeit für die Unternehmen, um von einer sicheren Basis aus zu agieren, ist die Nutzung von nationalen oder internationalen Standards, die aufgrund von Normungs- und Qualitätsrichtlinien in vorgeschriebenen Zeitabständen auf Aktualität überprüft werden müssen (sollten).

Zum Beispiel ist im Software-Engineering Wiederverwendung von Softwarebausteinen ein Qualitätskriterium. Diese Bausteine werden im Rahmen des Qualitätsmanagements regelmäßig auf Tauglichkeit und Verwendung neuester Erkenntnisse des Software-Engineerings überprüft.

Für das Projektmanagement gibt es vom US-amerikanischen Project Management Institute (PMI) ein Handbuch „Project Management Body of Knowledge" (PMBOK), welches den international am weitesten anerkannten Projektmanagement-Standard, „best practice", für das Projektmanagement enthält [vgl. PMBOK 2005]. Dieser Standard wird in Abständen von internationalen Experten auf Wiederverwendbarkeit überprüft und vom PMI aktualisiert.

Die Einbeziehung der internationalen Standards in nationale Gegebenheiten stellt für deutsche Unternehmen eine Voraussetzung für die Zertifizierung zur Organisation mit professionellem Projektmanagement dar.

Jedes unternehmenseigene Projektmanagement-Handbuch sollte Prozesse und Dokumentationsrichtlinien enthalten, die sich an dem internationalen Standard orientieren und wiederverwendet werden müssen. Trotz Nutzung international gültiger Standards muss eine Überprüfung auf Wiederverwendbarkeit in festgelegten Zeitabständen erfolgen, damit eine ursprünglich professionelle und hoch effiziente Standardisierung des Wissens nicht ad absurdum geführt werden kann.

Es ist keinem Unternehmen anzuraten, standardisierungsfähige Prozesse, wie einen Teil der Projektmanagement-Prozesse, dem Selbstlauf bzw. dem Einfallsreichtum der Akteure zu überlassen. Denn Wiederverwendung ohne Überprüfung der Wiederverwendbarkeit, vielleicht aus Bequemlichkeit, Unterschätzung oder Zeitmangel, verzeichnet Gegenwirkungen, die dem Thema Wissensmanagement nicht förderlich sind.

Die international als best practice bezeichneten standardisierten und damit zur Wiederverwendung empfohlenen Regelwerke, Prozessabläufe und Handbücher wie PMBOK oder „Engineering Books of Knowledge" sind, wenn nicht durch die internationalen Organisationen, dann durch die sie anwendenden Unternehmen auf Wiederverwendbarkeit zu überprüfen. Gegen ein gesundes Vertrauen in international erprobte Praxis ist überhaupt nichts einzuwenden, wenn es aber in unreflektiertes Nachahmen und blinden Glauben mündet, schaden sich die Unternehmen trotz internationaler Legitimation selbst.

Niemals sollte jedoch bei aller notwendigen Wiederverwendbarkeit vergessen werden, dass das Wissensvermögen einer Organisation durch Inanspruchnahme noch an Wert zunimmt. Ideen erzeugen neue Ideen und weitergegebenes Wissen verbleibt beim Sender und bereichert den Empfänger [vgl. Davenport et al. 1999, S. 52].

An dieser Stelle setzt die *Kreativität* ein, über die jeder Mitarbeiter verfügt. Und dort, wo ihm Gelegenheit zu kreativem Denken und Handeln gegeben wird, führt sie zu Ideen, die bei entsprechendem Reifegrad zur Wiederverwendung freigegeben werden.

Zukunftsorientiert denken heißt, die Kreativität nicht dem Selbstlauf zu überlassen, sondern so weit wie möglich berechenbar und in gewissem Maße beherrschbar zu machen. Über mögliche Ansätze in diese Richtung innerhalb der Projektarbeit gibt Kapitel „Gestaltungs-konzepte des Wissensmanagements für Projektarbeit", Absatz 5 „Die 7 Schritte zum wissensbasierten Projektmanagement in kleinen und mittelständischen Unternehmen" Aus-kunft.

Kreativität bleibt dann auf der Strecke, wenn kein Spielraum vorhanden ist, keine entspre-chenden Rahmenbedingungen gesetzt werden und auch keine intrinsische Motivation besteht.

Ohne Mechanismen zur Überprüfung der Wiederverwendbarkeit und ohne die Möglichkeit zu kreativen Ansätzen weiß zwar das Unternehmen, was es weiß, aber noch lange nicht, ob das Wissen noch zeitgemäß und gut genug ist, um im Wettbewerb bestehen zu können.

Unter diesen Umständen werden die Schritte von der Einführung bis zum gelebten Wissens-management zu Hürden, hinter denen die Mitarbeiter stehen bleiben und damit das Ziel und die große Chance aus den Augen verlieren.

4. Die kleinen und mittelständischen Unternehmen (KMU) als Ansprechpartner

Mit einem Anteil von 99,7 % an der Anzahl der gesamten deutschen Unternehmen [vgl. Stat. Bundesamt, 2004] nehmen die kleinen und mittelständischen Unternehmen einen unstrittigen Platz in der deutschen Wirtschaft ein. Heute wird der deutsche Mittelstand als das Herz der sozialen Marktwirtschaft und der Motor für mehr Wachstum und Beschäftigung in Deutsch-land wahrgenommen

Definiert werden die KMU laut Institut für Mittelstandsforschung Bonn (IfM Bonn) über quantitative Merkmale wie Mitarbeiteranzahl, Jahresumsatz und Bilanzsumme und über qualitative Merkmale wie die personelle Einheit von Unternehmensleitung, Eigentum und Haftung.

Die bisher in Deutschland übliche Quantifizierung der Merkmale weicht allerdings von den im Jahr 2003 von der Europäischen Kommission empfohlenen Wertebereichen zur Verein-heitlichung und damit Vergleichbarkeit der Statistiken der EU-Mitgliedsländer ab.

Außerdem wird zur Erhöhung der Aufmerksamkeit innerhalb der kleinen Unternehmen eine Kategorie Kleinstunternehmen eingeführt, die für die Entwicklung der unternehmerischen Initiative und für die Schaffung von Arbeitsplätzen eine besondere Rolle spielt [vgl. EU-Kommission, AZ K(2003)1422].

Nicht zu vergessen ist das qualitative Merkmal „personelle Unternehmensführung", welches zumindest in Deutschland ein großes Gewicht bei der Einordnung eines Unternehmens in die Klasse KMU darstellt.

Nach einer Schätzung des Instituts für Mittelstandsforschung Bonn aus dem Jahr 2002 über-wiegen die inhabergeführten Unternehmen mit 94,8 %, nur gut 5 % werden von angestellten Managern geleitet [vgl. IWD 2002, S. 4].

Einer repräsentativen Untersuchung des Forschungsinstituts MIND zufolge nahm die Anzahl der Kleinst- und Kleinunternehmen in Deutschland zwischen den Jahren 2001 und 2004 um 3 % zu, während sich die Betriebe mit mehr als 49 Mitarbeitern um 3,6 % verringert haben [vgl. Impulse, S. 71]. Eine Verfälschung der Aussage durch die politische Förderung der Ich-AGs wurde nicht berücksichtigt.

Die prozentuale Verteilung der gesamten Unternehmensklassen in Deutschland ist in Abbil-dung 6 zu sehen.

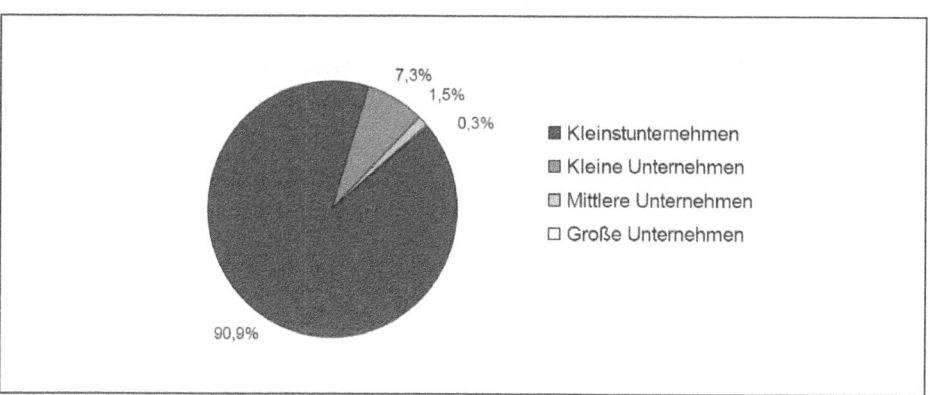

Abbildung 6:   *Verteilung der Unternehmensklassen [Wolff 2006, S. 5]*

Als charakteristische Besonderheiten der KMU sind eine starke personenbezogene Prägung durch die Gründer und deren Familien und begrenzte Ressourcen aufgrund ihrer Größe her-vorzuheben.

Daraus leiten sich Stärken und Schwächen ab, die wiederum das Motiv für die unbedingte Einbeziehung von Wissensmanagement entlang aller Geschäftsprozesse liefern.

Als Stärken sind zu identifizieren:

- flache Hierarchien, die kurze Informationswege und schnelle Entscheidungsprozesse unterstützen,

- große Kundennähe, die eine schnelle Reaktion auf Kundenwünsche garantiert,

- anwendungsbezogene Forschung und Entwicklung, die großes Innovationspotenzial von der Entwicklung bis zur Marktreife hervorrufen (KMU halten drei Viertel der deutschen Patente [vgl. IWD 2002, S. 4]),

- hohe Qualität der Produkte, die nachhaltig der Imagepflege dienen,

- große Produktflexibilität, die dem kapitalintensiven Massenmarkt Konkurrenz bietet und zu Spezialwissen führt.

- familiäre und vertrauensvolle Atmosphäre zwischen den Mitarbeitern und zwischen Mitarbeitern und Management, die Kreativität fördert und Motivation als Normalität beinhaltet.

Als Schwächen werden an dieser Stelle lediglich die durch die Größe des Unternehmens bedingten Auswirkungen angeführt [vgl. Scharpe 1992, S. 22]:

- geringe Marktmacht,

- begrenzte personelle Ressourcen und

- begrenzte finanzielle Ressourcen.

Doch diese vermeintlichen Schwächen können zu Stärken werden, führen diese doch genau in die Richtung der Suche nach Alternativen und damit der Nutzung immaterieller Ressourcen. So wird ein klug und verantwortungsbewusst geführtes Unternehmen trotz geringen Investitionsvolumens viel schneller zum Paradigmenwechsel führen als ein Großunternehmen mit vielen Führungs- und damit Machtzentren.

Schon aus diesem Grunde geben diese KMU positive Beispiele zur Einbeziehung des Wissensmanagements, stellen aber auch eine wertvolle Klientel für die Unterstützung bei diesen Prozessen dar.

Strategie der Zukunftsbefähigung – Wissen als Überlebensgarant für Unternehmen

1. Wissensmanagement als Bewegungsform zum Schutz des Wissens und gegen Ignoranz im Unternehmen

1.1 Wissensmanagement – Begriffliche Ebene

Vor dem Hintergrund, Wissen im Unternehmen sowohl als Gegenstand der Verarbeitung und Kommunikation als auch im umfassenderen Sinne als Ressource zu betrachten, muss natürlich gleichfalls der Begriff Wissensmanagement diskutiert werden.

Warum Wissen managen?

Die veröffentlichten Meinungen über Wissensmanagement gehen weit auseinander. So bezeichnet Simon das Gerede von Wissensmanagement als eine Schimäre [vgl. Simon 1999, S. 307] und gesellt sich damit zu denjenigen, die Wissen zwar als wertvolle Ressource beschreiben, aber das Management für nicht realisierbar halten.

Probst entwirft dagegen ein viel zitiertes Gebäude aus Bausteinen, die untereinander verknüpft die Gestaltung, Realisierung und Nutzung der organisationalen Wissensbasis beschreiben. Dabei spannt er den Bogen von der Wissensidentifikation über den Wissenserwerb, die Wissensentwicklung, die Wissensverteilung, die Wissensnutzung bis hin zur Wissensbewahrung. Über all diesen Bausteinen stehen die Ziele, die damit verfolgt werden und die ex-post-Bewertung der Wissensmanagementprozesse [vgl. Probst et al. 2003, S. 49].

Dieser eher systemische Ansatz bietet eine Steilvorlage für die technokratische Betrachtung und tatsächliche Umsetzung des Wissensmanagements in den Unternehmen. Lassen sich doch die vorgegebenen Bausteine durch entsprechende IT-Systeme wie Datenbanken, Dokumentenrecherchesysteme, Suchmaschinen usw. zunächst leicht umsetzen.

Die für dieses Buch zugrunde gelegte Definition von Wissensmanagement bewegt sich zwischen den Polen, allerdings mit dem klaren Ausschlag zur nicht technokratischen Seite.

> Wissensmanagement findet zuallererst in den Köpfen der Menschen und durch die Kommunikation zwischen ihnen statt und ist auf die maximale Erreichung der Unternehmensziele gerichtet.
>
> Die Prozesse des Wissensmanagements werden durch die moderne Informations- und Kommunikations-Technologie unterstützt.

Wissensmanagement bezieht sich in Anlehnung an den Kreislauf des Wissensmanagements von Probst auf die Prozesse [vgl. Probst et al 2003., S. 56]:

- Wissensziele festlegen,

- Wissen aufspüren,

- Wissen erwerben,

- Wissen entwickeln,

- Wissen transportieren,

- Wissen transformieren,

- Wissen nutzen,

- Wissen bewahren,

- Wissen bewerten,

- Rahmenbedingungen (einschließlich Vertrauen) für eine effektive Kommunikation zwischen den Wissensträgern schaffen.

Erst mit der Realisierung aller dieser genannten Prozesse innerhalb des Wissensmanagements im Unternehmen gereicht gelebtes Wissensmanagement zum Wettbewerbsvorteil.

Prinzipiell gibt es zwei Ansätze für die Unternehmen, sich dem Thema Wissensmanagement zu nähern.

Erster Ansatz:

Der Ausgangspunkt ist hier, festzustellen, über welches Wissen das Unternehmen verfügt.

Während in kleinen Handwerksbetrieben der Chef die in seinem Betrieb vorhandenen Kenntnisse, Fähigkeiten und Kompetenzen genau kennt und diese dann gezielt zur Problemlösung einsetzen kann, muss dieser Kenntnisstand in einem größeren Unternehmen vor einem gezielten Einsatz von Wissen erarbeitet werden.

Der Ausspruch eines Vorstandssprechers eines Konzerns: „Wenn mein Unternehmen wüsste, was mein Unternehmen weiß, würden wir im Wettbewerb besser platziert sein ..." trifft auf größere Mittelstands- und Großunternehmen zu.

Dieser Ansatz ist für solche Unternehmen sicherlich ein großer Schritt in Richtung der Nutzung vorhandenen Wissens im Unternehmen, unterstützt aber eher den Einsatz von technischen Wissensmanagementsystemen.

Wenn das Unternehmen weiß, was an Kenntnissen und Erfahrungen vorhanden ist, dann weiß es noch lange nicht, an welcher Stelle und für welche Aufgaben das Wissen genutzt werden muss, damit es sich vom Mitwettbewerber unterscheidet.

Und es weiß noch lange nicht, ob die Motivation und das Vertrauen da sind, vorhandenes Wissen tatsächlich zu nutzen.

Des Weiteren leistet diese Herangehensweise einer Informations- und Wissensüberflutung Vorschub, die nicht beherrschbar und damit nicht effektiv nutzbar ist.

Zweiter Ansatz:

Der Ausgangspunkt ist hier festzustellen, welcher Wissensbedarf zur Lösung definierter Aufgabenbereiche besteht. Das Wollen, der Wunsch nach Wissen in Einheit von Kenntnissen und Erfahrungen, bringt eine ganz andere Bedeutung des Wissensmanagements ins Spiel. Sobald ein Wissensbedarf geäußert wurde, kann das Wissensmanagement danach handeln, und dies führt letztlich zu einer bedarfsgerechten Befriedigung der Wissensbedürfnisse. Dieser Ansatz hat den Nachteil der gedanklichen Vorwegnahme eines zukünftigen Bedarfs, aber auf alle Fälle den Vorteil der Berücksichtigung qualitativer Forderungen und den Vorteil der quantitativen Begrenzung.

Werden beide Ansätze miteinander verbunden, geben sie eine gute Ausgangsbasis zur Nutzung des Wissensmanagements im Unternehmen.

Sollte die Unternehmenskultur keinen Platz für Fehlertoleranz und gegenseitiges Profitieren im Arbeitsprozess lassen, dann bringt eine Einführung von Wissensmanagement zwar den Titel, aber nicht den gewünschten Erfolg.

Die Aussage, dass das Wissensmanagement zuallererst in den Köpfen der Menschen und durch die Kommunikation zwischen ihnen stattfindet, löst in der Praxis zwei Reaktionen aus:

1. Die Unternehmen, die bisher noch keine Überlegungen in Richtung Wissensmanagement angestellt haben, aber über ein ungutes Gefühl verfügen, etwas zu verpassen, freuen sich über diese Aussage. Wenn das so stimmt, wird eine gute Kommunikationsplattform im Unternehmen, z. B. ein Mailingsystem und oder ein Intranet, verbunden mit einem Dokumentenverwaltungssystem eine kostengünstige Möglichkeit zum Aufbau eines Wissensmanagementsystems darstellen.

2. Diese Aussage ruft alle Beratungsunternehmen, die gemeinsam mit den entsprechenden Softwareanbietern Wissensmanagementsysteme verkaufen und implementieren, auf den Plan, um im Interesse ihres Geschäfts sofort zu widersprechen.

Für den Misserfolg und die Nichtbeachtung des Wissensmanagements in der Praxis gibt es genau drei Gründe:

- *Fehlende Transparenz der Begriffswelt*
  Will heißen: Ein Durcheinander der Kategorien Daten, Informationen, Wissen und der dazugehörigen Begriffe Datenmanagement, Informationsmanagement und Wissensmanagement führt zu einem falschen Verständnis der Wertigkeit und Handlungsnotwendigkeit.

- *Fehlende Vorstellungskraft über den Nutzen der Kategorie Wissen und des Wissensmanagements im Unternehmen*
  Will heißen: Eine fehlende quantifizierte Referenzierung der Investitionen auf den Geschäftserfolg führt zur Unterschätzung der Ressource Wissen.

- *Technokratischer Ansatz bei der Annäherung an das Thema Wissensmanagement im Unternehmen*
  Will heißen: Die Konzentration auf technisch-technologische Lösungsansätze erleichtert einerseits den Umgang mit diesem Thema, lässt aber viele für den Geschäftserfolg inhärente Vorzüge des Wissens ungenutzt und schreckt natürlich die Nichttechnikverliebten ab.

Aus diesen Gründen ist es umso wichtiger, neben einer pragmatischen Definition von Wissensmanagement, den KMU praktikable Wege zur Entwicklung und Nutzung von Wissensmanagement mit verhältnismäßig geringem Kostenaufwand und spürbarem Nutzen aufzuzeigen.

1.2   Gratwanderung durch funktionale Bereiche des Unternehmens

Wird im Unternehmen von der Notwendigkeit der Einführung von Wissensmanagement gesprochen, dann wird auch gleichzeitig nach einer organisatorischen Lösungsvariante zur Institutionalisierung der dazugehörigen Managementprozesse gesucht.

Die organisatorische Einbindung reicht dabei von der Zentralisierung und damit echten Institutionalisierung über einen Wissensmanager oder eine Abteilung Informations- und Wissensmanagement bis hin zu dezentralen Strukturen innerhalb der Geschäftsbereiche.

Bei zentraler Wissensorganisation praktizieren die Unternehmen oftmals die funktionale Zuordnung des Wissensmanagements zum Bereich IT wegen der Nähe zum Informationsmanagement, zu den entsprechenden Kommunikationsmedien und deren dazugehörigen Dienstleistungssystemen. Da das Ressourcenmanagement in besagten Unternehmen in den jeweiligen Fachabteilungen betrieben wird, bleibt für die Ressource Wissen eine Zuordnung zur IT. Damit wird der technokratischen Betrachtung des Wissensmanagements Vorschub geleistet.

Wiederum andere Unternehmen, die über ein Organisationsmanagement verfügen, etablieren meistens schon das Dokumentenmanagement und später auch das Wissensmanagement unter diesem Dach, um eine entsprechende Aufbereitung und Verteilung des Wissens, das heißt des expliziten Wissens, zu garantieren.

In beiden Fällen werden bereits funktionierende Organisationseinheiten zur Etablierung des Wissensmanagements genutzt.

Wenige Unternehmen ordnen das Wissensmanagement dem Bereich des Human Resource Managements zu. Diese Unternehmen haben zumindest erkannt, dass es beim Wissensmanagement um die Mitarbeiter, deren Kenntnisse, Fähigkeiten, Kompetenzen und Wertvorstellung sowie ihren Einsatz zugunsten des Geschäftserfolgs geht.

Die jeweilige Ausrichtung hängt also stark davon ab, wie das Management Wissen als Ressource wahrnimmt.

In jedem Fall birgt eine Institutionalisierung des Wissensmanagements ohne direkte Anbindung an die Geschäftsprozesse die Gefahr der bloßen Verwaltung von Wissen, ohne die Chancen zur Nutzung hinreichend auszuschöpfen. Eine Projektbibliothek stellt zwar wertvolle Dokumente für künftige Projekte zur Verfügung, schöpft aber bei weitem nicht das Potenzial des im Unternehmen vorhandenen Wissens zur effizienten Projektarbeit aus.

Für kleine und mittelständische Unternehmen bietet sich Wissensmanagement entlang der Projektorganisation an.

Besteht eine Projektorganisation außerhalb der Geschäftsbereiche, obliegt das Management des vorhandenen und benötigten Wissens zur Realisierung der Projekte dem Projektbüro oder einer entsprechenden Projektkoordinationsstelle.

Besteht eine Projektorganisation innerhalb der Geschäftsbereiche, obliegt das Wissensmanagement zur Realisierung der Projekte entweder der Geschäftsführung, der Geschäftsbereichsleitung oder einem eingesetzten Projektkoordinator. Beide organisatorischen Varianten funktionieren nur in enger Zusammenarbeit mit den Projektleitern unter ständig neu aufzubauenden Vertrauensverhältnissen und unternehmenskulturellen Bedingungen.

Zur organisatorischen Anbindung des Wissensmanagements an die Projektarbeit wird eine zweiseitige Herangehensweise empfohlen:

- Aufbau einer Projektdatenbank zur elektronischen Speicherung und benutzerfreundlichen Nutzung des expliziten Wissens und

- Koordination des Wissensaustauschs von explizitem und implizitem Wissen direkt durch die Geschäftsführung bzw. über ein Projektbüro oder eine Leitstelle.

In jedem Fall wird ohne steuernde bzw. koordinierende Hand ein mehr oder minder akribischer Verwaltungsakt initiiert, der sicherlich der Revision und dem Controlling gerecht wird, aber in keiner Weise Projektabbrüche, Terminverzögerungen oder Qualitätsverluste verhindert.

2.   Erfolgskritische Faktoren für das Wissensmanagement

2.1   Die wesentlichen Faktoren und deren Wechselspiel

Wenn Wissensmanagement zuallererst in den Köpfen der Menschen und durch die Kommunikation zwischen ihnen stattfindet und auf die Erreichung der Unternehmensziele gerichtet ist, muss eine Reihe von Bedingungen erfüllt sein, damit Wissensmanagement erfolgreich wird. Je nach dem, wie stark der Einfluss der Bedingungen ist, kann deren Nichtbeachtung Risiken erzeugen, die wiederum die Realisierung des Wissensmanagements im Sinne des Geschäftserfolgs gefährden.

Die Ignoranz der Bedingungen bedeutet Risiko bereits beim Design, der Einführung und schließlich der Nutzung von Wissensmanagement im Unternehmen.

Dabei spielt es keine Rolle, von welcher Seite sich die Unternehmen dem Thema Wissensmanagement nähern. Nähern sie sich von der Seite des Wissensbestandes und seiner Aktualisierung, dann stellen vor allem Faktoren wie

- Zieldefinition für das Wissensmanagement,

- Bewertung des vorhandenen Wissens und

- eine für das Wissensmanagement sprechende Unternehmenskultur einschließlich der Vertrauensbasis zur Offenlegung vorhandenen Wissens

neuralgische Punkte bei der Verwirklichung des Wissensmanagements dar.

Nähern sich die Unternehmen von der Seite des Wissensbedarfs und seiner Befriedigung während der Geschäftsprozesse, sprich während der Projektarbeit, dann sind vor allem Faktoren wie

- Projektkultur einschließlich der Vertrauensbasis zur Offenlegung,

- Weitergabe und Nutzung von Wissen, aber auch

- die organisatorische und methodische Umsetzung

bei der Verwirklichung des Wissensmanagements entscheidend.

Warum lohnt es sich überhaupt, im Wissensmanagement über erfolgskritische Faktoren nachzudenken?

1. Weil die Ressource Wissen so wertvoll ist, dass ein nicht erfolgreiches „Management" alle Türen zum Rückzug öffnet und das Unternehmen bei dem Thema um Jahre zurückwirft.

2. Weil die Ressource Wissen an die Ressource Mitarbeiter geknüpft ist und damit bei nicht erfolgreichem „Management" ein neuer Anlauf schwer sein wird.

3. Weil es bereits zum Wissensmanagement gehört, bekannte Risikofaktoren besonders zu beachten und dieses vorhandene Wissen im Voraus und während des Prozesses zu nutzen und nicht einfach zu negieren im Sinne von „Bei uns passiert so etwas nicht".

4. Weil ein Weg mit Wissen über Stolpersteine einfacher und erfolgreicher zu gehen ist.

Welche erfolgskritischen Faktoren sind *unbedingt* bei der Konzipierung, der Entwicklung und der Implementierung von Wissensmanagement im Unternehmen zu beachten?

Prinzipiell wirken fast dieselben erfolgskritischen Faktoren, die beim Projektmanagement theoretisch beschrieben wurden und deren Wirkung in der Praxis vielfach erfahren wurde.

Im Folgenden werden diese klassifiziert und mit den beobachteten wechselseitigen Beeinflussungen beschrieben, um eine Anleitung zum Umgang mit erfolgskritischen Faktoren bei der Implementierung von Wissensmanagement im Unternehmen zu geben.

Als kritische Erfolgsfaktoren wurden identifiziert:

▨ Unternehmenskultur einschließlich der Projektkultur

▨ Zielorientierung des Wissensmanagements

▨ Reifeprozess der Mitarbeiter

▨ Reifeprozess des Managements

▨ technisch/technologische Unterstützung

▨ Formen und Regeln der Umsetzung

Abbildung 7 zeigt das hierarchische Verhältnis und das Wechselspiel dieser erfolgskritischen Faktoren.

Die Klasse Unternehmenskultur und Projektkultur stellt die führende Komponente im Ensemble der erfolgskritischen Faktoren dar und bestimmt damit das Gesamtniveau der Faktoren maßgeblich mit.

Die Klasse Zielorientierung beeinflusst in starkem Maße die Faktoren Mitarbeiter, Management, technische Unterstützung und Umsetzung.

Um die Stärken und Schwächen der einzelnen erfolgskritischen Faktoren in der Praxis für das eigene Unternehmen einschätzen zu können, ist es notwendig, die Faktoren und deren gegenseitige Beeinflussung genauer zu beschreiben. Daher wird die Klasse Unternehmenskultur einschließlich Projektkultur als führende Komponente im Wechselspiel der Faktoren in einer sogenannten Kulturspinne (Abbildung 8) mit wiederum eigenen Ausprägungen getrennt von den anderen Faktoren behandelt. Alle übrigen erfolgskritischen Faktoren sind in einem zweiten Spinnendiagramm, der Leistungsspinne (siehe Abbildung 9), zu drei Klassen zusammengefasst.

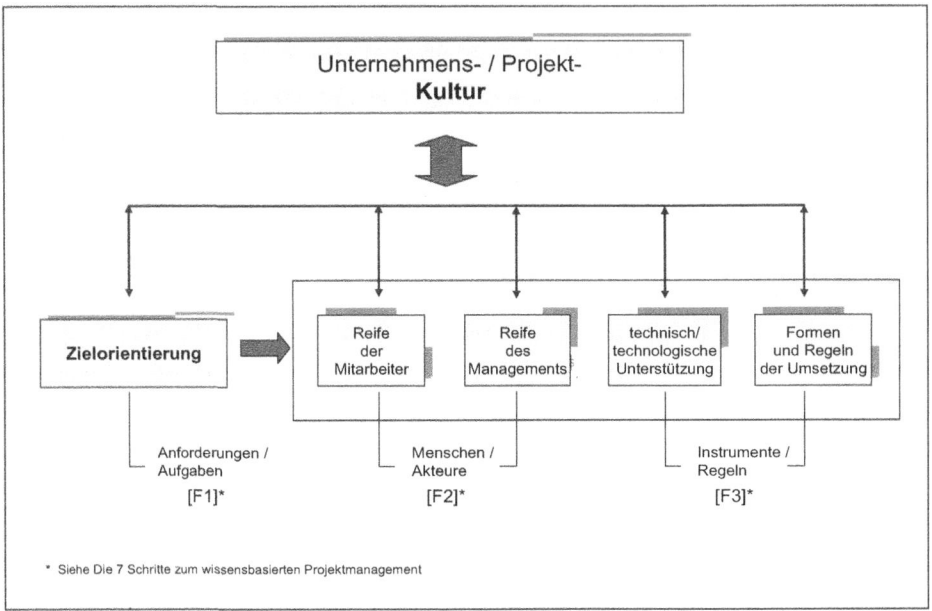

Abbildung 7:   *Wechselspiel der erfolgskritischen Faktoren*

Unternehmenskultur und Projektkultur

Laut Meyers Lexikon bedeutet Kultur (lat. cultura) die Bearbeitung, Pflege, Ausbildung. Die Gesamtheit der geistigen, sozialen und materiellen Formen der Lebensäußerungen der Menschen, mit denen diese die eigne Umwelt hervorbringt und die menschliche Natur fortentwickelt und veredelt [vgl. Meyer, 1992, S. 232].

„Pflege", welch ein treffender Begriff für Kultur! Es ist im Unternehmen absolut notwendig, nicht nur die Ergebnisse zu planen und zu fordern, sondern alle Ressourcen geistig, sozial und materiell zu „pflegen", um den langfristigen Erfolg zu sichern.

Jeder gute Bauer bearbeitet nicht nur seinen Boden, sondern pflegt ihn. Er überlegt, welche Fruchtfolge die Beste wäre oder welche Düngung unter den gegenwärtigen Bodenverhältnissen zu verabreichen ist, um langfristig eine sehr gute Ernte einfahren zu können.

Was nützen den Unternehmen auf lange Sicht gesehen Befehlsempfänger, die sowohl im Management als auch in den Teams zur kritik- und anspruchslosen Ausführung erzogen wurden? Der Ausspruch eines Top-Managers " … sie sollen arbeiten und nicht denken" lässt einen tiefen Einblick in die Unternehmenskultur zu. So ausgerichtete Mitarbeiter liefern zwar pünktlich Ergebnisse, geben aber ihr implizites Wissen nicht preis und setzen nicht ihre Persönlichkeit mit all den Facetten wie Kreativität, soziale Kompetenz und Urteilsfähigkeit ein. Schlimmer noch, sie lassen diese verkümmern.

In solchen Fällen geht es dem Top-Management um Prozesse und Ergebnisse, aber nicht um die Ressource Wissen und auch nicht um die Wissensträger. Die Unternehmensleitung will oder kann die Komplexität des Geschäfts nicht begreifen bzw. hat diese nicht mehr im Griff. Solch ein Szenario wird meistens dann vorgefunden, wenn die Zeichen auf Sturm stehen, es also nicht mehr um Weiterentwicklung, sondern um Übernahme oder Zerschlagung geht.

Das Negativbeispiel zeigt deutlich: Die „Pflege" ist nicht nur ein sehr wichtiger erfolgskritischer Faktor, sondern sie ist der ausschlaggebende, alles andere beeinflussende Faktor. Wenn man die Unternehmenskultur semantisch begriffen, das Niveau sachlich analysiert und gezielte Maßnahmen zur Entwicklung eingeleitet hat, dann ist das die Garantie für ein langfristig erfolgreiches Geschäft.

Worauf müssen die Unternehmen die „Pflege" richten, um das Risiko eines Misserfolgs des Wissensmanagements so gering wie möglich zu halten? Wichtige Ausprägungen, die das Niveau der Unternehmenskultur deutlich machen, sind:

▪ Vertrauen,

▪ aufgeschlossene, offene Arbeitsatmosphäre,

▪ Wollen, Können und Lernbereitschaft der Mitarbeiter und Manager,

▪ besondere Eigenschaften der Mitarbeiter,

▪ Umgang mit Verantwortung,

Abbildung 8 zeigt das Niveau der Ausprägungen des erfolgkritischen Faktors Unternehmenskultur in einem erfolgreichen familiengeführten Mittelstandsunternehmen.

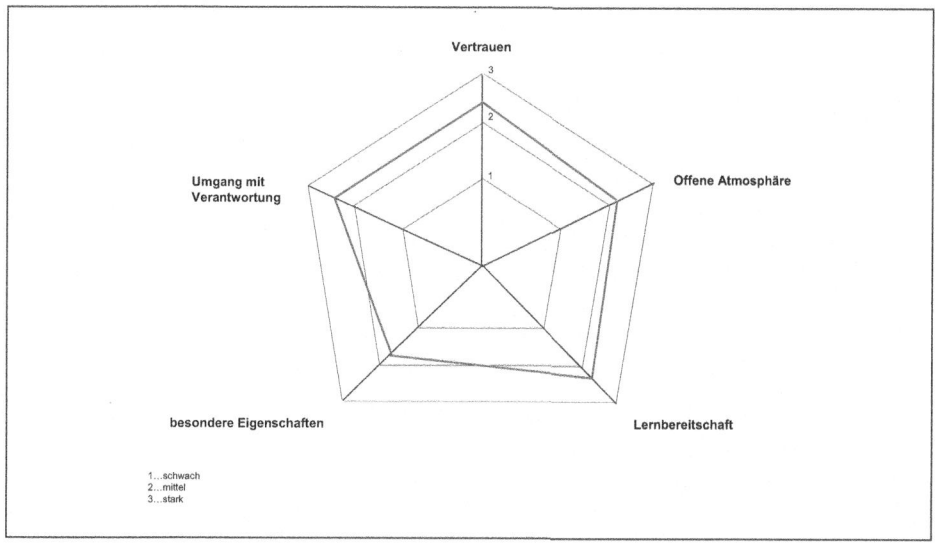

Abbildung 8:   *Die Kulturspinne*

Vier der fünf Ausprägungen verzeichnen ein gutes bis sehr gutes Niveau. Lediglich die Aus-
prägung „besondere Eigenschaften der Mitarbeiter" bewegt sich im mittleren bis schwachen
Niveau. Der Herausforderung, mit anspruchsvollen, kritischen, urteilsfähigen und wähleri-
schen Mitarbeitern zu arbeiten, werden sich familiengeführte Mittelstandsunternehmen in
Zukunft stärker stellen müssen.

Im Folgenden werden einige wesentliche Wechselwirkungen zwischen den Ausprägungen
erörtert:

Vertrauen: Wollen, Können und Lernbereitschaft der Mitarbeiter

Die Komponente Vertrauen bestimmt maßgeblich die Leistungs- und Lernbereitschaft der
Mitarbeiter, denn eine vertrauensvolle Atmosphäre motiviert viel eher zum Wissenstransfer
und zur Kommunikation von Erfolgen und vor allem von Fehlern, als eine Atmosphäre des
bedingungslosen Leistungsdrucks und der Konkurrenz, wo jeder jeden zum Feind hat.

Eine vertrauensvolle Atmosphäre zu entwickeln und zu pflegen, setzt eine Vorbildwirkung
des Managements voraus. Das Management muss sich nicht wundern, dass Informationen
und Wissen zurückgehalten werden, wenn es selbst deutlich auf sparsame Kommunikation
setzt und sich so weit wie möglich im geschäftlichen Tun abschottet.

Die Transparenz der Geschäftstätigkeit und der Einschätzung der Ergebnisse gehören als
vertrauensbildende Maßnahmen genauso dazu wie die Übertragung von Verantwortung auf
die Mitarbeiter. Durch Transparenz und Delegation von Verantwortung wird den Mitarbeitern
Vertrauen entgegengebracht und gleichzeitig das Wollen und Können der Mitarbeiter geweckt
und weiterentwickelt.

Aufgeschlossene Atmosphäre:
Wollen, Können und Lernbereitschaft der Mitarbeiter

Aufgeschlossenheit beinhaltet die Akzeptanz unterschiedlicher Meinungen und Reaktionen
auf Basis unterschiedlichen Wissens und der selektiven Wahrnehmung beim Wissenstransfer.
Der offene und ehrliche Umgang mit ihrem Wissen und ihren Fähigkeiten ermöglicht den
Mitarbeitern, Freude an der Arbeit und am Lernen im Arbeitsprozess zu entwickeln. Und
wenn die Arbeit eine Herausforderung darstellt, die mit Begeisterung angenommen wird, ist
der Erfolg leicht möglich.

„Das wahre Geheimnis des Erfolgs ist die Begeisterung." Dieser viel zitierte Satz von Walter
Chrysler impliziert Bedingungen, die zur Begeisterung führen. Zwei dieser Bedingungen sind
eine vertrauensvolle und eine aufgeschlossene Atmosphäre im Unternehmen. Erst wenn die
Mitarbeiter sich anerkannt, nicht über- und nicht unterfordert fühlen und sich auf den nächs-
ten Arbeitstag freuen, werden leichter erfolgversprechende Ergebnisse entstehen.

Zur Aufgeschlossenheit gehört eine *Kommunikationskultur*, die den Kommunikationsprozess nicht als Einbahnstraße, sondern als Einheit von Bring- und Holschuld sieht.

▨ Was nutzt das Warten auf Informationen, wenn die Informationen genauso gut über elektronische Kanäle abgefragt werden können?
Das Unternehmen verliert Zeit.

▨ Was nutzt das Zurückhalten von Informationen, wenn es bei Abgabe dieser keine Informationen mehr sind, sie keinen Zweck mehr erfüllen?
Das Unternehmen verpasst ein Geschäft.

Diese Beispiele zeigen, wie wichtig es ist, diejenigen, die die Informationen besitzen, zur rechtzeitigen Abgabe von Informationen zu bewegen. Und diejenigen, die auf Informationen warten, zur Anfrage bzw. Suche zu bewegen. Und dies ohne Schuldzuweisungen, ohne schlechte Gefühle, ein wertvolles Gut aus der Hand zu geben, mit dem ein anderer Erfolg hat.

Besondere Eigenschaften:
Umgang mit der Verantwortung und Vertrauen

Damit die Teammitglieder in einem kurzzeitig zusammengeschweißten Projektteam und für eine einmalige Projektaufgabe ihren Platz erfolgreich ausfüllen können, müssen sie neben dem fachlichen Wissen, den Fähigkeiten und der sozialen Kompetenz über bestimmte „ungewöhnliche" Eigenschaften verfügen. Im englischen Sprachraum spricht man auch von „discriminating persons", die vor allem für die Projektarbeit gesucht und eingesetzt werden sollten. Es gilt, Mitarbeiter zu finden, die

▨ anspruchsvoll,

▨ kritisch,

▨ urteilsfähig und

▨ wählerisch

sind. Mitarbeiter mit derartigen Eigenschaften zu finden ist nicht leicht, aber mit solchen Mitarbeitern in einem Team zu arbeiten und diese zu führen, ist eine Herausforderung.

Menschen mit besonderen Eigenschaften werden für einmalige (besondere) Vorhaben benötigt, um ein Projekt nicht wie eine Routinetätigkeit zu behandeln, sondern entsprechend der Zielsetzung Wege gehen zu können, die ebenfalls ungewöhnlich sind und beste Ergebnisse gestatten. „Das ‚carpe diem' des Horaz meint die Einmaligkeit des Augenblicks als Voraussetzung für Commitment." [Sprenger 1999, S.176]

Mitarbeiter mit den genannten Eigenschaften beherrschen das „carpe diem" nur dann, wenn sie auch eine vertrauensvolle Atmosphäre umgibt, in der sie ihre Eigenschaften ausleben dürfen. Der Teammitarbeiter, dessen erster kritischer Einwand nicht beachtet wird und der beim zweiten Einwand bereits als „Bedenkenträger" hingestellt wird, wird sich zurückhalten und nach neuen Wegen für sich selbst suchen. Das Management muss sich bewusst werden, welche Bedeutung der Ressource Mitarbeiter für den erfolgreichen Umgang mit der Ressource Wissen zukommt.

Umgang mit Verantwortung:
Wollen, Können und Lernbereitschaft der Mitarbeiter

Hier wird bewusst der Umgang mit der Verantwortung als erfolgskritische Komponente innerhalb der Unternehmenskultur gewählt und nicht – wie oft zu lesen – der Umgang mit der Macht. Denn der Umgang mit der Macht impliziert häufig eine bedingungslose Durchsetzung des eigenen Willens (nach Max Weber). Die Manager tragen Verantwortung für die ihnen übergegebenen Aufgaben und haben demzufolge für eine erfolgreiche Erledigung der Aufgaben zu sorgen. Sie sollten mit den ihnen zugeordneten Ressourcen, auch der Ressource Wissen, so umgehen, um die Motivation der Mitarbeiter so wenig wie möglich zu beeinträchtigen.

Wenn Manager ein Machtpotenzial aus der Verantwortung heraus entwickeln und im Weberschen Sinne einsetzen, ist dies bereits der erste Schritt zum Abbau von Vertrauen und Leistungsbereitschaft.

Die Unternehmenskultur einschließlich der Projektkultur als erfolgskritischer Faktor wird täglich im Unternehmen gelebt und von allen Mitarbeitern erlebt, bewusst und unbewusst beeinflusst.

Die Pflege der Unternehmenskultur muss kontinuierlich überdacht, verbessert und an den Geschäftszielen ausgerichtet werden. Und wenn eines der Geschäftsziele die Implementierung des Wissensmanagements im Unternehmen ist, dann sollte zuerst die Unternehmenskultur auf ihre Tauglichkeit und ihr Niveau als erfolgskritischer Faktor überprüft werden.

Denn wie die Kulturspinne in Abbildung 8 zeigt, hängt vom Niveau der Unternehmens- bzw. Projektkultur das Niveau aller anderen erfolgskritischen Faktoren ab.

Empfehlung

Richten Sie Ihre Unternehmenskultur an den strategischen Geschäftzielen aus und nicht umgekehrt.

Ist ein strategisches Geschäftsziel die Implementierung des Wissensmanagements im Unternehmen, dann überprüfen Sie zuerst die Unternehmenskultur auf ihre Tauglichkeit und ihr Niveau.

Betrachten Sie die Entwicklung Ihrer Unternehmenskultur als strategisch wichtigste Möglichkeit zur „Pflege" aller Ihrer Ressourcen, besonders der Ressource Mitarbeiter und der Ressource Wissen.

2.2 Abhängigkeiten zwischen der Unternehmenskultur und den übrigen erfolgskritischen Faktoren

Der überragende Einfluss des Faktors Unternehmens- und Projektkultur auf alle anderen Faktoren und Ressourcen im Rahmen der Implementierung von Wissensmanagement muss so deutlich gemacht werden, dass jeder Manager, der im Entscheidungsprozess zum Wissensmanagement steht, sich zuallererst um das Niveau der Unternehmenskultur kümmert.

Eine Analyse der Ausprägungen (siehe Kulturspinne) zum erfolgskritischen Faktor Unternehmenskultur zeigt das tatsächliche Niveau und lässt eine Bewertung mit konkreten Maßnahmen zur Verbesserung der Kultur zu.

Erst danach – wenn die Wirkung von Maßnahmen überhaupt spürbar wird, sind alle anderen Faktoren analytisch unter die Lupe zu nehmen und ggf. zu verändern.

Das kann in manchen Fällen bedeuten, das Thema Wissensmanagement erst dann als Projekt anzuschieben, wenn die kulturellen Bedingungen eine echte Chance zur erfolgreichen Realisierung zulassen.

Das Spinnendiagramm in Abbildung 9 stellt die Unternehmenskultur gemeinsam mit den restlichen erfolgskritischen Faktoren dar:

- Unternehmenskultur in Beziehung zu den Zielen und Inhalten im Projekt „Wissensmanagement",

- Unternehmenskultur in Beziehung zu den Akteuren und der inhärenten Ressource Wissen,

- Unternehmenskultur in Beziehung zum Unterstützungsinstrumentarium und der Organisation.

Die Unternehmenskultur mit all ihren Facetten und Ausprägungen beeinflusst jeden anderen erfolgskritischen Faktor, sei es die Zielformulierung, sei es das Zusammenspiel des Teams und der Führungskräfte oder das Wissensmanagement selbst.

Die Unternehmenskultur bestimmt,

- welche Rolle Wissen und dessen Management im Unternehmen spielen,

- ob Wissen als Ressource gesehen und auch so behandelt wird,

- in welcher Schattierung, der Bandbreite von nicht technokratisch bis technokratisch, Wissensmanagement eingeführt wird und

- welche Bedeutung dem Wissen im direkten Bezug zum Geschäftserfolg beigemessen wird.

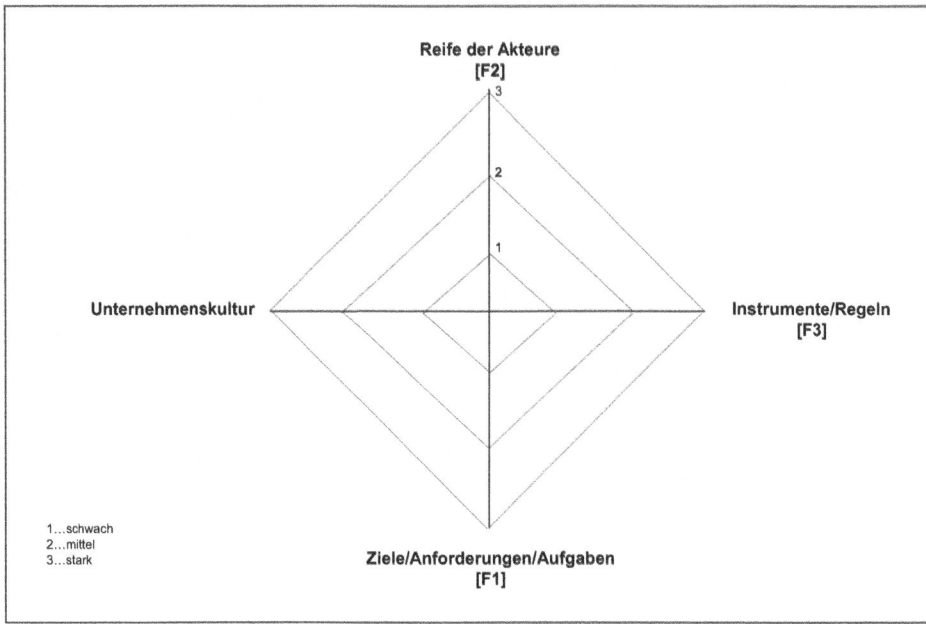

Abbildung 9:   *Wechselspiel zwischen Unternehmenskultur und den anderen Faktoren*

Empfehlung

Analysieren Sie zunächst das Niveau der Unternehmenskultur.

Beginnen Sie erst dann mit dem Thema Wissensmanagement, wenn die kulturellen Bedingungen eine echte Chance zur erfolgreichen Realisierung zulassen. Sie ersparen sich und Ihren Mitarbeitern Enttäuschungen und dem Thema Wissensmanagement eine Niederlage.

2.3   Zielorientierung

Strategische und operative Wissensziele bestimmen von vornherein, welchen Beitrag Wissen zum Unternehmenserfolg leisten soll und welche Ausgestaltung zur Zielerreichung benötigt wird [vgl. Linde 2004, S. 9]. Das funktioniert nur, wenn die Wissensziele klar formuliert und von jedem Mitarbeiter verstanden werden und realitätsgeprüft worden sind.

Unklare und unrealistische Zielformulierungen, die wiederum zu unklaren Anforderungen führen, stehen an der Spitze der 11 aufgeführten Gründe für das Scheitern von Projekten [vgl. Ferro 2007, S. 27]. Aus langjähriger Erfahrung kann diese Aussage nur bestätigt und natürlich auch auf das Thema Wissensmanagement übertragen werden.

Wie kritisch dieser Faktor Zielorientierung ist, wird erst dann wahrgenommen, wenn sich ein Ergebnis abzeichnet, das niemand so gewollt hat.

Wie kann das passieren?

Dafür gibt es mindestens fünf Gründe:

1. Zielformulierung

   Ziele werden oft oberflächlich formuliert und mit den Aufgaben verwechselt. Eine Zielformulierung sollte immer die Frage nach dem Sinn des Tuns beantworten: Warum wird dieses Thema bearbeitet?

   So könnte ein Ziel für die Einführung von Wissensmanagement im Unternehmen sein:

   Effiziente Nutzung des impliziten und expliziten Wissens, um die Projektlaufzeiten zu verkürzen und die Projektabbrüche zu reduzieren.

   Das Ziel ist klar formuliert und an der Realität langer Projektlaufzeiten und ungewollter Projektabbrüche orientiert. Aus dem Ziel lassen sich Anforderungen und Aufgaben ableiten. Ein Ergebnis-Ziel-Vergleich gestattet Erfolgsmessungen, allerdings nicht bei Abschluss des Projektes, sondern in zeitlicher Verzögerung.

   Wer formuliert die Ziele?

   Die Ziele formuliert das Management.

2. Zielverständnis in der Praxis

   Dieses soeben beschriebene Beispiel zeigt den Unterschied zwischen Zielen, Anforderungen und Aufgaben. Eine praxisübliche Herangehensweise an die Formulierung von Zielen ist die Frage: „Was" will das Unternehmen erreichen? Die Frage nach dem „was" bringt aber die Anforderungen an die Oberfläche, ohne das Ziel zu kennen. Die Frage nach dem „warum" bleibt dann oftmals Theorie.

3. Passgenauigkeit zwischen Zielen, Anforderungen und Aufgaben

   Eine klare Trennung der Ziele, Anforderungen und Aufgaben ist die Voraussetzung, um in einem zweiten Schritt alle drei Komponenten zusammenzufügen und um dabei Widersprüche aufzudecken, die vor der Realisierung des Projektes erkannt und beseitigt werden müssen. Es geht einmal darum, eine Passfähigkeit zwischen Zielen, Anforderungen und Aufgaben zu erreichen und zum anderen darum, diese vor der Realisierungsphase herzustellen und zu prüfen.

Erst dann ist die Wahrscheinlichkeit sehr hoch, Ergebnisse zu erreichen, die nicht unter unklar formulierten Zielen oder unter Widersprüchlichkeiten zwischen den Zielen, Anforderung und Aufgaben leiden.

Aus diesem Grund ist dem Management zu empfehlen, sich vor Beginn der Realisierungsphase jedes Projektes drei Fragen zu stellen:

– *Warum* soll was realisiert werden? Wo liegt der Sinn des Projektes?
– *Was* soll erreicht werden? Was sind die inhaltlichen, technischen und organisatorischen Anforderungen?
– *Wie* soll es erreicht werden? Mit welchen inhaltlichen Arbeitsschritten (Arbeitspaketen) soll die Umsetzung passieren?

Wie bereits erwähnt, ist für die Zielformulierung, also für die Antwort auf die *Warum-Frage* das Management verantwortlich.

Wer formuliert die Anforderungen?

Die Anforderungen formulieren diejenigen, die mit den Ergebnissen leben müssen. Das können Produktmanager des eigenen Unternehmens *und* das müssen die zukünftigen Nutzer der Projektergebnisse sein.

Wer formuliert die Aufgaben?

Die Aufgaben formuliert der Projektleiter gemeinsam mit dem Projektteam.

Damit das getan werden kann, wird implizites Wissen im und außerhalb des Projektteams und explizites Wissen in welcher Form auch immer vorausgesetzt. Je effizienter dann das Wissensmanagement mit all den Lernprozessen aus vergangenen Projekten im Unternehmen funktioniert, desto passfähiger können die Aufgaben formuliert werden. Das spart Zeit und bringt die Ergebnisse auf den Punkt.

Für die Einführung von Wissensmanagement im Unternehmen werden die drei Fragen im Folgenden beispielhaft beantwortet:

Ziel:	Effiziente Nutzung des impliziten und expliziten Wissens, um die Projektlaufzeiten zu verkürzen und die Projektabbrüche zu reduzieren.
Anforderungen:	Einführung einer Wissensdatenbank für Projektarbeit als Ergänzung zum vorhandenen Dokumentenmangement-System,
	leicht akquirierbares Wissen aus der Wissensdatenbank mit Hilfe von Suchmaschinen,
	gerichtete Kommunikationsnetze im gesamten Unternehmen zur Akquise von implizitem Wissen für die Projektarbeit,

	Beschreibung und Offenlegung des Wissens, der Fähigkeiten und der Kompetenzen der Projekt-Ressourcen im Unternehmen,

Beschreibung und Offenlegung des Wissens, der Fähigkeiten und der Kompetenzen der Projekt-Ressourcen im Unternehmen,

unternehmenseigenes Kommunikationsregelwerk.

Aufgaben: Analyse der vorhandenen Projektdaten,

Analyse der bisherigen Kommunikationsprozesse vor dem Projekt-Kick-off und während der Projektrealisierung,

Gespräche mit dem Betriebsrat und gemeinsame Erarbeitung einer Betriebsvereinbarung zum Thema Offenlegung des Wissens und der Fähigkeiten der an Projekten beteiligten Mitarbeiter,

Modellierung einer Wissensdatenbank für Projekte,

Test von Suchmaschinen,

Einbindung der bisherigen Dokumente in die Suchprozesse,

Entwicklung von elektronischen Schnittstellen zwischen unterschiedlichen Systemen,

Entwicklung von Standard-Kommunikationsprozessen,

Konzipierung eines gerichteten Kommunikationsnetzes,

usw.

Die Antworten sind als Ziele, Anforderungen und Aufgaben zu dokumentieren und stehen somit einer Überprüfung der Tauglichkeit und eventuellen Anpassung während des gesamten Projektes zur Verfügung.

Werden diese drei Fragen vor Beginn eines Projektes „Wissensmanagement" beantwortet, ist zumindest einer der erfolgskritischen Faktoren, die Zielorientierung, mit seinen Wirkungen auf andere Faktoren ergebnisorientiert eingestellt.

Empfehlung

Stellen Sie sich vor der Projektrealisierungsphase die drei W-Fragen:

Warum soll was realisiert werden?

Was soll erreicht werden?

Wie soll es erreicht werden?

Prüfen Sie die Tauglichkeit und die Passfähigkeit der drei Antworten zu jedem Meilenstein.

4. Messbarkeit der Ziele

Oft werden Ziele definiert, die nicht messbar sind. Da die Ergebnisse aus Projekten anhand des Grades der Zielerreichung bewertet werden, sollten auch quantifizierbare Ziele darunter sein, um einen Erfüllungsgrad messen zu können.

Ein Ziel, das häufig bei Projekten zur Einführung eines Intranets und/oder eines elektronischen Kommunikationssystems in Unternehmen genannt wird, ist die Verbesserung der Kommunikation zwischen den Mitarbeitern. Wird ein derartiges Ziel formuliert, muss sofort an die Überprüfbarkeit der Projektergebnisse anhand dieser Zielsetzung gedacht werden.

Die erste Frage muss demzufolge sein: Wie kann ein Kommunikationsniveau beschrieben werden, um es dann qualifizieren zu können?

Und die zweite Frage lautet dann: Wie kann die Verbesserung gemessen werden?

Die Beantwortung dieser Fragen führt zur Quantifizierung oder Skalierung der Ziele und zur Vergleichbarkeit mit den Ergebnissen. Dazu kommt der zeitliche Aspekt der Bewertung der Projektergebnisse. Manche Ergebnisse können nur erst einige Zeit nach dem Projektende, also nachdem die Projektergebnisse in der Praxis gewirkt haben, bewertet werden. Über unterschiedliche Methoden wie Kundenbefragungen oder zeitlich begrenzte Beobachtungen der E-Mail-Kommunikation lassen sich Messergebnisse erzielen, die über den Grad der Zielerreichung Auskunft geben.

Das Problem in der Praxis ist an dieser Stelle die geringe Nachhaltigkeit der Projektergebnisse und damit die schnell verschwindende Notwendigkeit ihrer Bewertung.

Das Projekt zur Einführung eines Intranets wurde „in time" und „in budget" beendet.

Das Projektziel, die Verbesserung der Kommunikation zwischen den Mitarbeitern, wird damit als erfüllt angenommen.

Werden bei Projektbeginn Maßnahmen zur Messung der Zielerreichung festgeschrieben, sind diese auch durchzuführen. Das Projekt ist erst dann erfolgreich beendet, wenn die Ziele erreicht worden sind.

Empfehlung

Lernen Sie, in dem Sie die Projektergebnisse bewerten.

„In time" und „in budget" beendete Projekte sagen noch nichts über ein erfolgreiches Projektergebnis aus.

Versuchen Sie Ziele zu quantifizieren und/oder zu skalieren.

5. Zeitdruck

Unter Zeitdruck – ob tatsächlich vorhanden oder künstlich erzeugt – werden Ziele formuliert, die nicht realitätsgeprüft sind und auch keine Passgenauigkeit zu den Anforderungen und Aufgaben aufweisen. Um es deutlich auszudrücken, es werden Ziele formuliert, die isoliert vom weiteren Geschehen mitgeführt werden und keinen Einfluss auf die Anforderungen haben.

Um es noch deutlicher auszudrücken, es gibt noch keine Ziele und Anforderungen, aber es wird schon gearbeitet – nach dem Motto: „Ich laufe da schon mal los, weiß aber noch nicht, wo ich hin möchte."

Wenn dann auf halbem Weg Ziele und Anforderungen formuliert werden, die nicht zu den realisierten Aufgaben passen, stellt sich die Frage: Wie soll der Erfolg des Projektes gemessen werden?

Empfehlung

Laufen Sie aus lauter Zeitdruck nicht schon los, ehe Sie wissen, wo Sie hin laufen sollen.

Das Sprichwort: „Umwege erhöhen die Ortskenntnis" trifft bei Einführung des Wissensmanagements nicht zu.

Erfahrungen auf Basis von Umwegen aufzubauen ist kontraproduktiv.

Wenn am Anfang des Projektes die Zielsetzung klar und realistisch ist, können daraus auch realistische Anforderungen und Aufgaben abgeleitet werden. Ist die Zielsetzung bekannt und verstanden, dann ist auch bekannt, welches Wissen benötigt wird, um die Aufgaben durchzuführen und die Ziele zu erreichen. Und wird das benötigte Wissen rechtzeitig definiert, kann es auch rechtzeitig beschafft (explizites Wissen), eingestellt (implizites Wissen) oder entwickelt (explizites und implizites Wissen) werden.

Wie in Abbildung 7 dargestellt, beeinflusst die Zielformulierung die anderen erfolgskritischen Faktoren wie den Reifeprozess des Teams, den Reifeprozess des Managements, technische/technologische Unterstützung und Formen und Regeln der Umsetzung.

Quantifizierbare und skalierbare Ziele können am Ende mit den Ergebnissen verglichen werden, um den Erfolg zu verifizieren.

Empfehlung

Fordern Sie bei der Formulierung der Ziele das Management heraus.

Binden Sie bei der Formulierung der Anforderungen die zukünftigen Nutzer der Ergebnisse ein.

Nutzen Sie das Wissensmanagement bei der Formulierung der Aufgaben.

2.4   Reifeprozess der Mitarbeiter

Die Menschen als Akteure und zugleich Wissensträger sind die wichtigsten, aber auch die kritischsten Faktoren im Wissensmanagement. Aus diesem Grund müssen sie besonders beachtet und behandelt werden.

Der Reifeprozess ist ein Entwicklungsprozess der Mitarbeiter mit individuellen und kollektiven Zielvorgaben. Im Verlauf dessen eignen sich die Mitarbeiter durch ihre Tätigkeit Wissen an und befähigen sich zum Spezialisten.

Damit das nicht dem Selbstlauf überlassen wird, sollten die Lernprozesse gezielt initiiert und gefördert werden. Um von zielorientiertem Lernen sprechen zu können, müssen zumindest die kollektiven Ziele bekannt sein.

Der Abgleich der individuellen mit den kollektiven Zielen ist ein permanenter Prozess, in dem das Pendel mal in die eine und mal in die andere Richtung ausschlägt. Stimmen die individuellen Ziele mit den kollektiven Zielen in großen Teilen überein, gestaltet sich der Reifeprozess eher lautlos und störungsfrei.

Worauf bezieht sich der Reifeprozess der Mitarbeiter bei der bewussten Einbeziehung des Wissensmanagements in alle Geschäftsprozesse? *Auf die Herausbildung von:*

▨ Reife zur Kommunikation und damit zur Wissensaufnahme und Wissensweitergabe (Wissenstransfer).

Dazu gehört neben der Nutzung aller gebotenen Kommunikationskanäle die effiziente Kommunikation in Einheit von Bring- und Holschuld. Dabei geht es um Wissensaufnahme und Wissensabgabe aus eigener Initiative heraus.

Man kann nicht unvorbereitet zum Meeting gehen, obwohl die Handouts der Präsentation bereits im Intranet vorliegen, und dann noch behaupten, dass man sich nicht vorbereiten konnte, da keine E-Mail mit entsprechendem Anhang gefunden wurde (Holschuld). Es geht nicht, Informationen einzubehalten, obwohl diese projektrelevant sind, dafür aber das CC beim Versand von unwichtigen E-Mails so oft zu verwenden, dass es den Anschein der Abgabe von Informationen erweckt (Bringschuld).

▨ Reife zur Herausbildung besonderer Eigenschaften.

Um in einem Projektteam für eine einmalige Projektaufgabe seinen Platz erfolgreich ausfüllen zu können, bedarf es neben dem fachlichen Wissen, den Fähigkeiten und der sozialen Kompetenz besonderer Eigenschaften der Teammitglieder.

Die besonderen Eigenschaften – anspruchsvoll, kritisch, urteilsfähig und wählerisch – tun jedem Projektteam gut. Auch hier wirkt die Unternehmens- und Projektkultur auf den Reifeprozess.

Ob ein Mitarbeiter bereit ist, sich kritisch zu den Projektinhalten zu äußern oder wählerisch bei der Übernahme von Aufgaben zu sein, hängt von den individuellen Ambitionen ab, wird aber auch stark von der vorherrschenden Kultur und der Reife der Führungskräfte beeinflusst.

Wenn die Kritik nicht gewünscht, eher als Angriff aufgefasst wird und ein Urteilvermögen von vornherein abgelehnt wird, dann verkümmern solche Eigenschaften.

Ehe die Mitarbeiter als notorische Besserwisser bezeichnet werden, ziehen sie sich zurück und überlassen die Führung anderen. Hier fehlt die kulturelle Basis, um solche Eigenschaften als etwas Positives zu betrachten und diese auf erfolgreiche Projektergebnisse zu lenken.

- Reife zur Verantwortungsübernahme und damit zur Identifikation mit den Arbeitsergebnissen.

Verantwortung kann der Mitarbeiter nur übernehmen, wenn sie ihm auch übertragen wird. Und das mit allen Konsequenzen. Aufgaben zu delegieren, aber diese nicht mit voller Verantwortlichkeit abzugeben, führt zwar zum Ergebnis, lässt aber keinen Spielraum zur Identifizierung mit der Aufgabe. Diese wird „erledigt", aber ohne das eigene implizite Wissen auszuschöpfen und ohne den Blick für das Ganze zu entwickeln. Handlungen, die ohne Verantwortlichkeit für diese übertragen werden, schöpfen das Wissens- und Kompetenzpotenzial der Mitarbeiter nicht aus.

Der oft von Mitarbeitern zu hörende Satz „Ich habe doch keine Kompetenz, das zu tun" zeigt die unscharfe Abgrenzung zwischen Kompetenz und Verantwortung. Die Mitarbeiter verwechseln Kompetenz mit Verantwortung. Erst wenn Verantwortung übertragen wurde, kann der Mitarbeiter auch auf Basis seines Wissens Kompetenz entwickeln. Er wird fähig sein, die Aufgabe verantwortungsbewusst und kompetent zu lösen.

Der Ruf nach Kompetenz ist also ein Ruf nach Verantwortung. Deshalb geht die Antwort in zwei Richtungen: zum einen an das Management mit der Forderung, Verantwortung zu delegieren, und zum anderen an die Mitarbeiter mit der Forderung, Kompetenz zu entwickeln und auszuleben.

Die Aussage eines Bankenmanagers trifft exakt das beschriebene Problem:

„Verantwortung bekommt man, Kompetenz nimmt man sich."

Der Reifeprozess bezieht sich demzufolge auf das Lernen, mit Verantwortung umzugehen, diese als etwas Herausforderndes und nicht als Angstfaktor zu betrachten.

- Reife zum lebenslangen Lernen.

Lernen als etwas Notwendiges zu begreifen, das den Menschen und das Unternehmen klüger macht und den Grad der eigenen Zufriedenheit erheblich steigert, ist das Ziel dieses Reifeprozesses.

In der heutigen Projektarbeit gilt nicht mehr die Frage: Wer ist dafür zuständig?, sondern: Wer kann es am besten?

Wenn das Wissen als das Ergebnis des Handlungsprozesses und zugleich als seine Voraussetzung definiert wird und wenn angenommenn wird, dass das Wissensniveau sich dabei verändert, dann werden die notwendigen Lernprozesse während der Handlung und nach Auswertung der Ergebnisse deutlich.

Um diese Prozesse geht es beim lebenslangen Lernen, natürlich neben den Aus- und Fortbildungsprozessen, die immer wieder die Basis für neues Wissen legen.

- Reife zur Umsetzung des übertragenen Wissens in eigene Handlungen (Wissenstransformation).

  Wissen übermittelt zu bekommen, ist eine Seite der Medaille, die einfachere.

  Wissen umzusetzen, das heißt in anwendbares Wissen zu verwandeln, ist die zweite Seite desselben Übertragungsprozesses.

  Die Reife besteht darin,

  - zu verstehen lernen, worum es dem Sender von Wissen geht,
  - zu lernen, das Wissen anderer zu nutzen, und es in anwendbares Wissen zu verwandeln,
  - einen Wissenstransfer abzulehnen, wenn es für die anstehende Aufgabe nicht förderlich ist oder diese sogar behindert.

- Reife zur Teambildung und zur Teamarbeit.

  Ein Projektteam wird aufgrund der Einmaligkeit des Themas für eine begrenzte Zeit zur Bearbeitung der Aufgaben zusammengestellt. Je intensiver über die Anforderungen an das implizite Wissen gebunden an die Ressource Mitarbeiter nachgedacht wird, desto stärker kann das Wissen ergebnisorientiert eingesetzt werden.

  Oftmals wird ein Projekt bereits gestartet, bevor alle Teammitglieder festgelegt worden sind. NN-Positionen in der Teamliste weisen auf Unreife beim Management hin, die Bedeutung des richtigen Wissens, zur richtigen Zeit, an der richtigen Stelle erkannt zu haben. NN-Positionen verzögern aber auch den Teambildungsprozess, der normalerweise in kürzester Zeit stattfinden muss, um der Teamarbeit Raum zu lassen.

  Der Reifeprozess der Mitarbeiter besteht darin, ihr Wissen anzubieten, sich in das Team einzubringen und soziale Kompetenz für eine erfolgsorientierte Teamarbeit zu entwickeln. Die Entfaltung der sozialen Kompetenz ist umso wichtiger, je weiter der Reifeprozess zur Entfaltung besonderer Eigenschaften vorangeschritten ist.

Empfehlung

Vermeiden Sie bei Projektstart NN-Positionen in der Teamliste. NN-Positionen weisen auf eine Unreife des Managements hin und verzögern den Teambildungsprozess.

Das richtige Wissen, zur richtigen Zeit, an der richtigen Stelle plus soziale Kompetenz bilden die Basis für eine erfolgsorientierte Teamarbeit.

2.5   Reifeprozess des Managements

Zum erfolgskritischen Faktor Management gehört genauso das Wissen der Führungskräfte wie auch ihr Umgang mit dem Wissen anderer. Da Manager auch Mitarbeiter eines Unternehmens sind, gelten für ihre Reife auch alle bisher genannten Indikatoren. Führungskräfte tragen jedoch die Verantwortung für die fachlichen und sozialen Prozesse im Unternehmen. Das bedeutet wiederum, dass sie sich stark mit dem Unternehmen und seinen Aufgaben identifizieren, um durch ein Vorleben Ansprüche geltend machen und Forderungen stellen zu können. Der Anspruch an die Mitarbeiter, lebenslanges Lernen zu praktizieren, muss daher mit einem entsprechenden Vorleben des Managements einhergehen. Eine Bereitschaftserklärung ist schnell eingeholt, entscheidend sind aber die täglichen Lernprozesse, die immer etwas mit Wissenstransfer und Wissenstransformation zu tun haben.

Worauf bezieht sich der Reifeprozess der Führungskräfte bei der bewussten Einbeziehung des Wissensmanagements in alle Geschäftsprozesse? *Auf die Herausbildung von:*

- Reife zur Umsetzung des Themas Wissensmanagement an sich und im Kontext zu allen anderen Geschäftsprozessen.

  Der Reifeprozess beinhaltet die Entwicklung des Verständnisses, dass das Wissen an die Menschen gebunden und demzufolge mehr ist als eine Daten- und Informationssammlung ist.

  Die Führungskräfte müssen begreifen, dass das Wissensmanagement zuallererst in den Köpfen der Menschen und durch die Kommunikation zwischen ihnen stattfindet und nicht allein durch elektronische Werkzeuge realisiert wird.

  Zum Reifeprozess gehört auch die Entwicklung des Verständnisses, dass ein „wissendes" Unternehmen nicht automatisch ein „lernendes" Unternehmen ist. Das Management muss dazu einen intensiven Beitrag leisten.

- Reife zur Kommunikation.

  Kommunikationsprozesse als Basisvoraussetzung für den Wissenstransfer und die Wissenstransformation zu betrachten, das liegt in der Reife zur Kommunikation begründet.

Was lehrt die Projekterfahrung? Alle Missverständnisse und damit zusammenhängende Fehler sind auf fehlende oder schlechte Kommunikationsprozesse zurückzuführen. Dies reicht von der Informationsüberflutung durch CC-Setzen beim E-Mail-Verkehr über die Kommunikation von Halbwahrheiten bis hin zu bewussten Kommunikationsversäumnissen, um Auseinandersetzungen aus dem Weg zu gehen.

- Das Aufstellen von Regeln verbessert die Kommunikation im Unternehmen. Diese Regeln beziehen sich auf ein erarbeitetes Kommunikationsmodell und deren Einhaltung in der täglichen Projektarbeit.
- Darüber hinaus gilt es, die Kommunikation bewusst zur Abgabe von Daten, Informationen und Wissen einzusetzen. Und das ist Bestandteil des Reifeprozesses. Dahinter stehen Lernprozesse, deren Ergebnisse auf die künftige Kommunikation zu transformieren sind.

Empfehlung

Alle Missverständnisse und Fehler sind auf fehlende oder schlechte Kommunikationsprozesse zurückzuführen

Überprüfen Sie die Kommunikationskultur im Unternehmen.

Erarbeiten Sie ein Kommunikationsmodell und Kommunikationsregeln.

Reife zur Zielformulierung.

Die Zielformulierung obliegt dem Management. Denn es kennt den Weg, den das Unternehmen zum Erfolg gehen muss.

Die Reife zur Zielformulierung wird über die Art und Weise der Beantwortung der drei-W-Fragen gemessen:

Warum soll was realisiert werden?

Was soll erreicht werden?

Wie soll es erreicht werden?

Die Reife zur Zielformulierung wird aber auch an der kontinuierlichen Herstellung der Passfähigkeit der drei Antworten gemessen. Und das ist eine Herausforderung. Hier kommt es nicht nur auf die Formulierung der Ziele, Anforderungen und Aufgaben zu Projektbeginn an, sondern auch auf eine Anpassung an veränderte Bedingungen zu jedem Projektmeilenstein.

▪ Reife zum Umgang mit Verantwortung und zur Abgabe von Verantwortung.

Das bedeutet, Bedingungen schaffen, soziale Kompetenz aufweisen, motivieren und nicht drohen. Das Management muss sich bewusst werden, welche Bedeutung der Ressource Mitarbeiter für den erfolgreichen Umgang mit der Ressource Wissen zukommt.

Das bedeutet, sich selbst und die Mitarbeiter als Ressourcen mit besonderen Eigenschaften zu betrachten und auch so zu behandeln. Vorzüge, die man für sich selbst in Anspruch nimmt, sollte man auch anderen zugestehen.

Das bedeutet, nicht nur Mitarbeiter mit besonderen Eigenschaften einzubeziehen, sondern den „normalen" Mitarbeiter nicht zurückzulassen und notorische Besserwisser und scheinbare Nichtwisser zusammenzuführen.

▪ Reife zur kulturellen Mitverantwortung und Mitgestaltung.

Alle bereits genannten kulturellen Faktoren wie Vertrauen, aufgeschlossene Arbeitsatmosphäre, Wollen, Können und Lernbereitschaft und besondere Eigenschaften der Mitarbeiter unterliegen dem direkten Einfluss des Managements.

Wenn Unternehmenskultur die „Pflege" aller Ressourcen bedeutet, dann haben die Führungskräfte bei der kulturellen Mitverantwortung und Mitgestaltung zwei Aufträge:

– über konkrete Bedingungen zur kulturellen Entwicklung nachzudenken und diese Bedingungen dann auch zu schaffen und
– sich selbst weiterzuentwickeln, um die Reife zur kulturellen Mitgestaltung zu erreichen.

▪ Reife zum lebenslangen Lernen.

Auch das Management ist zum lebenslangen Lernen und zum Schaffen einer Lernatmosphäre im Unternehmen aufgefordert. Dabei zeigt sich die Reife auch bei diesen Akteuren über die Bereitschaft zum Lernen. Und nicht nur zum Lernen im eigenen Thema, sondern zu unterschiedlichen Themen mit und von unterschiedlichen Menschen.

Auch geht es hierbei um das Lernen im täglichen Arbeitsprozess und um das Lernen zur geplanten Fortbildung. Manager, die ein Fortbildungsseminar ablehnen, nur weil ein gemischtes Team von Mitarbeitern und Führungskräften zusammengestellt wurde, haben die erforderliche Reife zum lebenslangen Lernen noch lange nicht erreicht.

Lernen darf nicht nur proklamiert werden, sondern es sind Bedingungen zu schaffen, die das Lernen als etwas Normales, Gewolltes und Machbares erscheinen lassen. Die Vorbildwirkung einer jeden Führungskraft spielt dabei eine große Rolle.

▪ Reife zum „über den eigenen Schatten Springen".

Dieser Reifeprozess bezieht sich auf Momente der Nichtübereinstimmung der Bedingungen und Anforderungen mit den eigenen Wertvorstellungen. Die Kunst dabei ist zweifellos das Erkennen der Notwendigkeiten, flexibel zu entscheiden und zu agieren, auch wenn es den eigenen Wertvorstellungen widerspricht. Diese Reife wird durch tausendfache Erfahrungen im Arbeitsprozess erlangt. Der Reifeprozess ist hier ein sehr bewusst gelebter Prozess, der Veränderungen von Wertvorstellungen zulässt.

2.6   Unterstützung und Umsetzung

Im Zusammenspiel mit den erfolgskritischen Faktoren Unternehmenskultur, Zielorientierung und Reife der Mitarbeiter wirken technische/technologische Werkzeuge und die Organisation der Umsetzung Erfolg hemmend oder fördernd.

Unter technisch/technologischen Werkzeugen sind elektronische Unterstützungsmöglichkeiten für alle Funktionen des Wissensmanagements zu verstehen.

Die Unterstützung wird benötigt

- zur Erfassung von Daten und Wissen in den unterschiedlichsten Formen,
- zur Verhinderung möglichst weniger Medienbrüche,
- zur Speicherung und Verarbeitung der Daten und des Wissens als Informations- und Wissensbasis,
- zur Kommunikation mit punktgenauer Lieferung und hoher Verfügbarkeit der Informationen und des Wissens,
- als Plattform zum Suchen und Finden der Daten, Informationen und des Wissens,
- als Hilfsmittel zur Transformation von implizitem in explizites Wissen,
- als Hilfsmittel zur Transparenz und Nachvollziehbarkeit der Prozesse der Entstehung der Informationen und des Wissens,
- als Hilfsmittel zur kontrollierten und sicheren Zuordnung der Wissensträger und Wissenssuchenden über Pfade, Laufwerke und Rechtekonzepte für den Zugriff und
- als Basis zur Einbindung in die Arbeitsabläufe.

Organisation bezieht sich auf die planmäßige und durch Regeln gestützte Gestaltung der Funktionen, Aufgaben und Prozesse.

Hemmend wird die Organisation dann sein, wenn das Unternehmen zu straff und zu kontrolliert organisiert ist. Denn eine derartige Organisation geht oft einher mit vielen Hierarchiestufen und unzähligen Vorschriften, deren Bewältigung und Einhaltung nur Zeit in Anspruch nimmt, die für den notwendigen Wissenstransfer fehlt.

Hemmend wird die Organisation auch dann sein, wenn sie quasi keine ist. Wenn die Kommunikationsprozesse erlauben, alles und an jeden zu kommunizieren, hat das zur Folge, dass sich die Empfänger tagtäglich durch hunderte von E-Mails wühlen müssen, um dann festzustellen, dass kein Wissen zu finden war und die Informationen spärlich flossen.

Fördernd wird die Organisation dann sein, wenn sie Regeln und Formen vorgibt, die die Mitarbeiter im Arbeitsprozess unterstützen und nicht behindern. Plattformen zum Suchen und Finden von Informationen und Wissen sind dann förderlich, wenn diese einfach zu bedienen und nicht durch überzogene Einschränkungen der Rechte behindert werden.

Eine Wissensdatenbank als Unterstützungsinstrument im gesamten Unternehmen zu nutzen, wird erst dann gelingen, wenn die Inhalte aktuell und qualitativ hochwertig und die Regeln durchschaubar und einfach zu handhaben sind.

Die Abstimmung der Unterstützungswerkzeuge auf die jeweiligen Erfordernisse und die Schaffung des organisatorischen Rahmens zur bequemen Nutzung, das ist die Kunst, den Faktor Instrumente und Organisation Erfolg fördernd wirken zu lassen.

Die genannten erfolgskritischen Faktoren für Wissensmanagements unterliegen bestimmten Zwängen und Einflüssen, die im Unternehmen selbst vorherrschen oder von außen angetragen werden. So erzeugt die nationale und internationale Markt- und Konkurrenzsituation Notwendigkeiten für die Einführung von Wissensmanagement und bestimmt teilweise auch das Tempo bei der Einführung und die inhaltliche Ausgestaltung.

Eine starke Konkurrenz kann eine besonders schnelle Implementierung des Wissensmanagements hervorrufen, mit unklaren Zielen und zu spät formulierten Anforderungen. Auch werden oft nicht die entscheidenden Wissensträger gefunden, die ihr implizites Wissen sofort abrufen können. Oftmals enden solche Projekte in technokratischen Ergebnissen, die keine Vorteile gegenüber der Konkurrenz hervorbringen.

Ressourcenverknappung auf dem Arbeitsmarkt wirkt sich ebenfalls auf das Wissensmanagement aus. Es werden Mitarbeiter akquiriert, die nicht voll ausgebildet sind, nicht ins Anforderungsprofil passen, geschweige über besondere Eigenschaften verfügen.

Ressourcenabbau im Unternehmen wirkt sich ganz fatal auf das Wissensmanagement aus. Ressourcen, die über gefragtes implizites Wissen und Kompetenz verfügen, verlassen sehr schnell das Unternehmen bzw. geben ihr Wissen nicht mehr vertrauensvoll preis. Es wird in dem Moment zu einem noch wertvolleren Gut des Mitarbeiters, um sich vor einer Kündigung zu schützen.

Diese Einflüsse und deren Wirkungsrichtungen zu erkennen, hilft bei der Beeinflussung der erfolgskritischen Faktoren.

2.7   Typische Konstellationen in der Praxis

Aus der eigenen praktischen Erfahrung als Berater in mittelständischen und kleinen Unternehmen werden hier typische Konstellationen der erfolgskritischen Faktoren mit entsprechendem Entwicklungspotenzial dargestellt:

Erste Konstellation

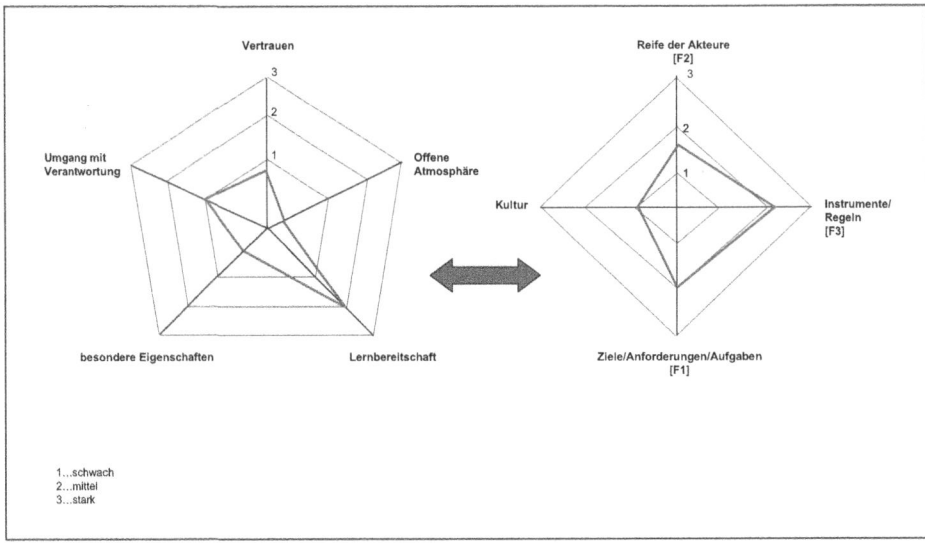

Abbildung 10: *Eigentümergeführtes großes mittelständisches Unternehmen*

Beim ersten Beispiel handelt es sich um ein größeres, weltweit agierendes, vom Eigentümer geführtes mittelständisches Unternehmen, welches Wachstumsraten im zweistelligen Bereich verzeichnet. Die Unternehmenspolitik und die Strategie sind auf Expansion unter allen Umständen ausgerichtet. Die Geschäftsführung, bestehend aus dem Gründer der Firma und weiteren Nichteigentümern, pflegen einen autoritären Führungsstil.

Als Unternehmenskultur wird das bedingungslose Befolgen der getroffenen strategischen und operativen Entscheidungen betrachtet. Die Geschäftsführung legt wenig Wert auf Unternehmenskultur im Sinne von Pflege der Ressourcen. Aus diesem Grunde kann nicht von einer vertrauensvollen und offenen Atmosphäre im Unternehmen gesprochen werden, wie das Niveau im linken Diagramm sehr deutlich zeigt.

Lernprozesse setzen vor allem dann ein, wenn die Konkurrenzsituation unter den Mitarbeitern verschärft wird. Das hat natürlich zur Folge, dass die Lernbereitschaft schon aus existenziellen Gründen vorhanden ist, das erworbene Wissen im Arbeitsprozess eingesetzt, jedoch nicht freiwillig zum Wohle des Unternehmens abgegeben wird.

Mitarbeiter, die kritisch, urteilsfähig und wählerisch sind, sind nicht erwünscht.

Der Umgang mit der Verantwortung ist zumindest im Top-Management stark zu hinterfragen.

Einige Manager entwickeln aus der Verantwortung heraus ein Machtpotenzial und benutzen es zur Durchsetzung des eigenen Willens. Das ist bereits der erste Schritt zum Abbau von Vertrauen und Leistungsbereitschaft, der in diesem Beispiel auch zum Abbau von Offenheit und zur Zurückhaltung beim Wissenstransfer führt.

Wie im rechten Diagramm in Abbildung 10 ersichtlich, beeinflusst die soeben skizzierte Unternehmenskultur den Reifeprozess der Mitarbeiter und Manager (F2) in eine Richtung, die wegführt von Verantwortung für und Identifikation mit dem Unternehmen. Ihr Blick für Konkurrenzverhalten, Leistungserbringung im erwarteten Rahmen und Entscheidungen für sich selbst wird allerdings geschärft.

Der negative Einfluss der Unternehmenskultur schwächt sich beim Faktor Ziele, Anforderungen, Aufgaben (F1) ab, da eine stark erfolgsorientierte Geschäftsführung sich wenig Schwächen bei der Zielorientierung und Formulierung von Anforderungen und Aufgaben leisten kann. Hier stehen die Ziele und Anforderungen an erster Stelle, ehe die Aufgaben und dazugehörigen Ressourcen gefunden und angepasst wurden.

Technische und organisatorische Unterstützung (F3) wird groß geschrieben, da moderne Technik einem modernen, dynamischen Unternehmen gut zu Gesicht steht und die Technik nicht widersprechen kann.

Ein technokratischer Ansatz des Wissensmanagement fällt hier auf sehr fruchtbaren Boden, lässt sich doch ein Wissensmanagementsystem verhältnismäßig problemlos implementieren und durch entsprechende Vorschriften zum Einsatz bringen. Es ist allemal einfacher, über Systeme ein Ziel zu verfolgen als mit denkenden Menschen, die nicht immer ins Verhaltensschema passen. Der Sinn des Wissensmanagements, vor allem die Ausschöpfung des impliziten Wissens, wird nicht hinterfragt. Schnelle Erfolge mit wenig menschlichen Berührungspunkten stehen auf der Tagesordnung.

Zweite Konstellation

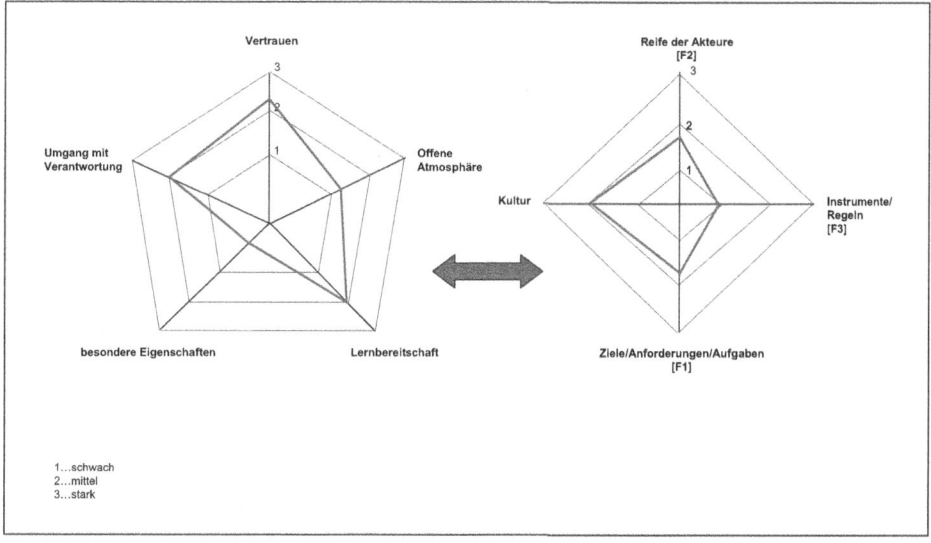

Abbildung 11: *Familiengeführtes kleines mittelständisches Unternehmen*

Das zweite Beispiel zeigt ein familiengeführtes, mittelständisches Unternehmen, das durch die Spezifik seiner Produkte einen dauerhaften, festen Kundenstamm und wenig Konkurrenz auf dem nationalen und internationalen Markt zu verzeichnen hat.

Durch die Besetzung der wichtigsten Führungspositionen wurde die Familienkultur ins Unternehmen übertragen. Das Unternehmen wird wie eine Familie geführt. Demzufolge gibt es autoritäre Züge, die der Hierarchie der Generationen geschuldet sind. Sehr deutlich ist das im linken Diagramm am Niveau der offenen Atmosphäre zu sehen.

Die Verantwortung wird nur dann wahrgenommen, wenn die Manager und Mitarbeiter ausdrücklich dazu aufgefordert sind. Verantwortung durch Funktion gibt es nur bedingt. Das Familienoberhaupt behält sich immer ein Mitspracherecht und vor allem ein Einspruchsrecht vor. Somit wird der Entwicklung von Machtpotenzialen bei den Führungskräften ein Riegel vorgeschoben. Der einzige, der Macht ausüben darf und kann, ist der Prinzipal.

Besondere Eigenschaften sind nicht erwünscht und würden die gewohnten routinemäßigen Bahnen stören. Das normale Mitschwimmen in sicheren Gewässern mit kalkulierbaren Ergebnissen, bekannten Lernoptionen und einer kalkulierbaren Zukunft ist das, was die Mitarbeiter im Unternehmen hält.

Das zeigt sich deutlich im linken Diagramm am verhältnismäßig großen Ausschlag des Niveaus des Vertrauens und der Lernbereitschaft.

Das rechte Diagramm gibt ein mittelmäßiges Kulturniveau wieder.

Ein verhältnismäßig hohes Niveau ist bei der Zielorientierung, der Anforderungs- und Aufgabenfestlegung (F1) zu verzeichnen. Die strategischen Ziele sind klar, die Anforderungen werden sauber formuliert, Aufgabenpakete in Abstimmung mit den vorhandenen Ressourcen geschnürt. Hier kann von einer hohen Passfähigkeit der Ziele, Anforderungen und Aufgaben ausgegangen werden. Das Spezialgebiet, in dem sich die Produkte bewegen, erlaubt keine Höhenflüge, da die Region eine überschaubare Anzahl von Ressourcen (Spezialisten) bietet, die natürlich nicht alle als Mitarbeiter gewonnen werden können.

Selbst Projekte, die Veränderungen an Produkten oder neue Produkte beinhalten, werden mit der nötigen Vorlaufplanung und ohne Zeitdruck realisiert, was zu großen Stücken auf die Spezialisierung und auf das Kundenverhalten zurückzuführen ist. Die Kunden wissen, dass sie qualitativ hochwertige Produkte erwerben können, die die Konkurrenz nur bedingt bietet und richten sich auf lange Projektlaufzeiten und damit lange Lieferzeiten ein, die auch in der Regel eingehalten werden.

Die Reifeprozesse der Mitarbeiter und des Managements einschließlich der Familienmitglieder (F2) schreiten langsam voran. Gemeinsam befinden sie sich unter einer Art Käseglocke, die allerdings nicht zerbrechen darf. Ob die Vorbereitung des Faktors F2 auf die Zukunft, begonnen hat, kann bis jetzt nur über die Lernbereitschaft und die Leistungsbereitschaft positiv beantwortet werden. Die momentane Reife als kritischer Erfolgsfaktor wird allerdings zum hochwertigen Risikofaktor in einer Zukunft außerhalb der Käseglocke.

Dem Faktor technische und organisatorische Unterstützung (F3) wird im beschriebenen Unternehmen, im Rahmen des Notwendigen, Beachtung geschenkt. Hier steht immer die Frage der Investitionskosten im Vordergrund.

Die beschriebene Art der Wertschöpfung und die Unternehmenskultur stellen eine gute Basis für die Einführung von nicht technokratischem Wissensmanagement dar. Der Austausch von implizitem Wissen ist der Garant für planmäßige und qualitativ hochwertige Entwicklung und Produktion. Die Beschreibungen von Entwicklungs- und Produktionsprozessen und der Ergebnisse stehen als explizites Wissen in der Firmendokumentation zur Verfügung.

Regularien der Nutzung und Kommunikation sind festgeschrieben, allerdings im Sinne der Zukunftssicherung zu überarbeiten.

Um Wissenstransferprozesse flexibler zu gestalten, bedarf es einem flexiblen Kommunikationsmodell und entsprechender elektronischer Unterstützung. An dieser Stelle würde bereits ein Intranet mit einer hochwertigen Suchmaschine zur Verbesserung des Wissenstransfers taugen.

Dritte Konstellation

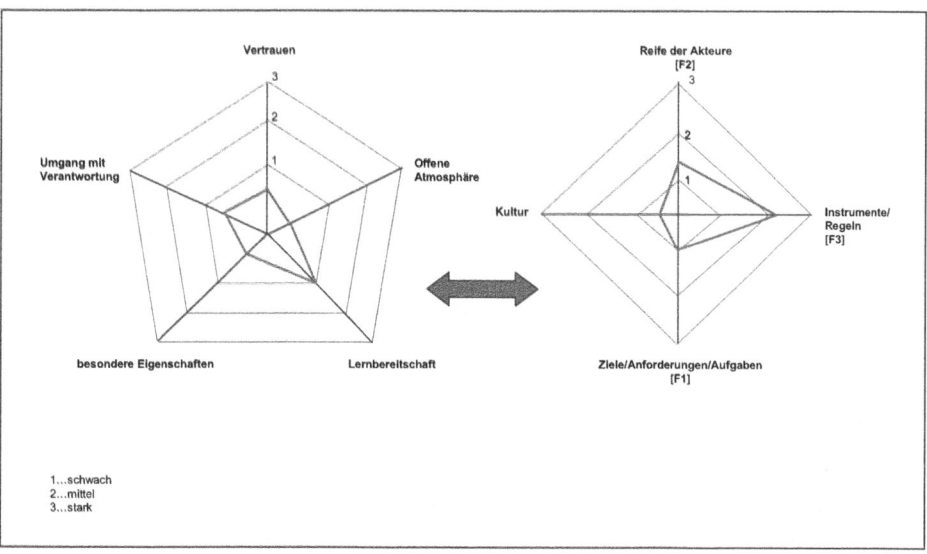

Abbildung 12: *Weltweit agierendes Großunternehmen (Aktiengesellschaft)*

Das dritte Beispiel zeigt ein weltweit agierendes Großunternehmen, welches durch nationale und internationale Globalisierungswünsche geschüttelt wurde und sich auf eine weitere Übernahme vorbereitet.

Aus diesem Grund wurden im linken Diagramm zwei Spinnen eingezeichnet, ein Kulturniveau aus der Vergangenheit und ein gegenwärtiges Niveau.

Auch für dieses Unternehmen traf in der Vergangenheit die Theorie der Käseglocke zu, nur in einem umfänglicheren Rahmen.

Ein eingeschworenes Team von Mitarbeitern mit einem gewachsenen Management, was sich zu 95 % aus dem Unternehmen heraus rekrutierte, unterstützt die Theorie. Die als Lehrling erlebte Unternehmenskultur wurde von ihnen weiter getragen und vervollständigt. Nur der war ein guter Manager, der aus dem eigenen „Stall" kam. Die Mentalität der Seiteneinsteiger wurde jahrelang verurteilt und Seiteneinsteiger so gut es ging vermieden. Damit wurde ein eingeschworenes Unternehmensteam herausgebildet, das vertrauensvoll miteinander arbeiten konnte und auf Lern- und Leistungsbereitschaft orientiert war.

Mitarbeiter mit besonderen Eigenschaften wurden in den Projekten gebraucht. Man erkannte sehr wohl die Wichtigkeit solcher Ressourcen und der Ressource Wissen, um sich auf dem Weltmarkt erfolgreich der Konkurrenz stellen zu können. Wenn solche Ressourcen nicht im Unternehmen zu finden waren, dann wurden diese rekrutiert, allerdings mit geringen Chancen auf Beförderung, oder als Freelancer temporär eingestellt.

Die Verantwortung wurde im Sinne der Weiterentwicklung des Unternehmens wahrgenommen. Entstehende Machtpotenziale konnten eingegrenzt werden.

Lediglich das Niveau der offenen Atmosphäre muss kritischer betrachtet werden, denn jeder Mitarbeiter wird dann Wissen zurückhalten, wenn ihm das Vorteile beim Chef bringt. Und es ging immer um Belobigungen, Gehaltserhöhungen und Beförderungen, die akzeptable Vorteile darstellten.

Der Staat im Staate hatte den Vorteil eines überdurchschnittlichen Vertrauensniveaus bei allen Mitarbeitern, eines Zugehörigkeitsgefühls und einer Identifikation mit den Zielen und Aufgaben, die der Entwicklung des Unternehmens förderlich war.

Das gegenwärtige Niveau der Unternehmenskultur im linken Diagramm zeigt ein Desaster.

Vom hohen Niveau der Unternehmenskultur ist nichts übrig geblieben. Sämtliche Ausprägungen haben sich im Niveau verschlechtert. Vertrauen und Offenheit sind Fremdworte geworden, Mitarbeiter mit besonderen Eigenschaften werden nicht benötigt, das verantwortungsbewusste Führen bezieht sich lediglich auf die Sachfragen.

Die Lernbereitschaft ist nur geringfügig gesunken. Dafür gibt es zwei Gründe, einmal die Resignation vieler Mitarbeiter und damit der „Dienst nach Vorschrift" und zum anderen die Vorbereitung der Mitarbeiter auf die Zukunft, „jetzt erst recht".

Das rechte Diagramm zeigt die Spinne der Vergangenheit mit starken Ausschlägen, beeinflusst durch die niveauvolle Unternehmenskultur und ein Ressourcen- und Technikverständnis. Den Ressourcen Wissen und Technik/Technologie einschließlich Organisation wurde in der Vergangenheit große Bedeutung beigemessen. Organisatorische Experimente mit mehrheitlich positivem Ausgang, Wissensmanagementsysteme mit technokratischer Ausrichtung und großzügige Investitionen zeugen davon.

Im rechten Diagramm zeigt die Spinne der Gegenwart einen absoluten Rückgang des Niveaus sowohl bei der Zielorientierung, den Anforderungen und Aufgaben (F1) als auch bei der Entwicklung der Mitarbeiter (F2). Wie sollen auch Ziele und Anforderungen klar formuliert werden, wenn die strategische Gesamtausrichtung des Unternehmens nicht bekannt ist.

Aufgaben werden ohne Zielorientierung und Anforderungen vergeben. Damit funktioniert das normale Geschäft.

Der kritische Erfolgsfaktor technische und organisatorische Unterstützung (F3) entwickelt sich weiterhin positiv, wird doch technisch/technologische Unterstützung auch für die normalen Geschäftsprozesse gebraucht.

Ein starkes organisatorisches Regelwerk bremst die positive Entwicklung von F3. Wenn sich die Mitarbeiter mehr mit der Einhaltung von Regeln und Vorschriften und mit dem Nachweis ihrer Tätigkeit beschäftigen als mit der eigentlichen Aufgabe und dafür auch noch das Instrument Excel den Siegeszug antritt, dann ist der positive Ausschlag von F3 im rechten Diagramm risikobehaftet.

Dank der Ressource Wissen und des in der Vergangenheit bewusst gepflegten Wissensmanagements gibt es in Unternehmen noch genügend Potenzial, um sich in einem anderen Rahmen wieder zu einem Unternehmen mit reifen Mitarbeitern, einer tragfähigen Unternehmenskultur und entsprechenden Zielen zu entwickeln.

3. Wissensmanagement vs. Wissensmanagementsysteme

Werden Manager auf das Thema Wissensmanagement angesprochen, dann besteht eine sehr hohe Wahrscheinlichkeit, dass sie in zwei Richtungen antworten:

- ja, wir haben ein Intranet oder

- ja, wir haben eine Wissensdatenbank.

Die daraus abzuleitende Schlussfolgerung liegt auf der Hand. Das Thema Wissensmanagement ist in der Praxis weniger mit der immateriellen Ressource Wissen und damit mit dem Menschen verbunden, als mehr mit dem Aufbau von Systemen, in welcher Form auch immer, zur Speicherung und zum Abruf von Dokumenten.

Um allerdings die Unternehmensziele bestmöglich zu erreichen, genügen die Investitionen in materielle Ressourcen und in Wissensmanagementsysteme nicht. Absoluter formuliert, es besteht bei der Einbeziehung der Ressource Wissen in die Geschäftsprozesse noch lange keine zwingende Notwendigkeit der Zuwendung zur systemischen Unterstützung des Wissensmanagements in den Unternehmen.

Dennoch gibt es Systeme, die, wenn sie tatsächlich zur Unterstützung des Wissensmanagements dienen, eine akzeptable Hilfe darstellen können.

In der Theorie gibt es vielfältige Ansätze zur Klassifizierung der Wissensmanagementsysteme. Hier wird die Systematik von Lehner zugrunde gelegt, die prinzipiell drei Ebenen unterscheidet [vgl. Lehner et al. 2006, S. 222]:

▪ Basistechnologien,

▪ Werkzeuge zur Unterstützung einzelner Wissensmanagementprozesse und

▪ geschlossene Wissensmanagementsysteme.

Die *Basistechnologien* können unabhängig genutzt und/oder in vollständige Wissensmanagementsysteme integriert werden und übernehmen einen Teil der Prozessunterstützung. Sie sind vorrangig für Speicherung, Transfer und Dokumentation des Wissens zuständig.

Die *Werkzeuge* zur Unterstützung einzelner Wissensmanagementprozesse existieren ebenfalls unabhängig vom Thema Wissensmanagement, sind aber auch integraler Bestandteil in vollständigen Systemen. Sie unterstützen Selektion, Aufbereitung, Präsentation und Nutzung des Wissens im Arbeitsprozess.

Unter geschlossenen *Wissensmanagementsystemen* wird die soft- und hardwareseitige, infrastrukturelle und organisatorische Unterstützung des Wissensmanagements in Einheit von Identifizierung, Erhebung, Transformation, Transfer, Speicherung, Nutzung, Bewertung und Entwicklung von Wissen verstanden. Sie bauen auf den Basissystemen auf und werden speziell zur Unterstützung des Wissensmanagements entwickelt. Sie integrieren Werkzeuge und komplettieren das System mit entsprechenden Benutzeroberflächen als vollständige elektronische Applikation. Abbildung 13 zeigt Beispiele für Lösungsansätze in den drei Kategorien: Basissysteme, Werkzeuge und geschlossene Wissensmanagementsysteme.

In diesem Buch werden keine geschlossenen Wissensmanagementsysteme vorgestellt und zur Nutzung in kleinen und mittleren Unternehmen empfohlen. Dafür gibt es drei Gründe:

1. Die Implementierung eines qualitativ hochwertigen, vollständigen Wissensmanagementsystems erfordert ein entsprechendes Investitionsvolumen und eine Mitarbeiterausstattung zur Administration und Pflege, was oftmals in keiner Relation zum Umsatz und der Mitarbeiteranzahl in kleinen und mittleren Unternehmen steht.

2. Der nicht technokratische Ansatz des Wissensmanagements fokussiert auf die Menschen im Unternehmen, deren Wissen und Lernprozesse und auf die Unterstützung zur Transformation und Nutzung des Wissens zur Erreichung der Unternehmensziele und nicht auf eine technische Ummantelung.

3. Die Überzeugung des Autors von der Realisierung des Wissensmanagements über nicht technokratische Ansätze mit kultureller und moderner elektronischer Unterstützung.

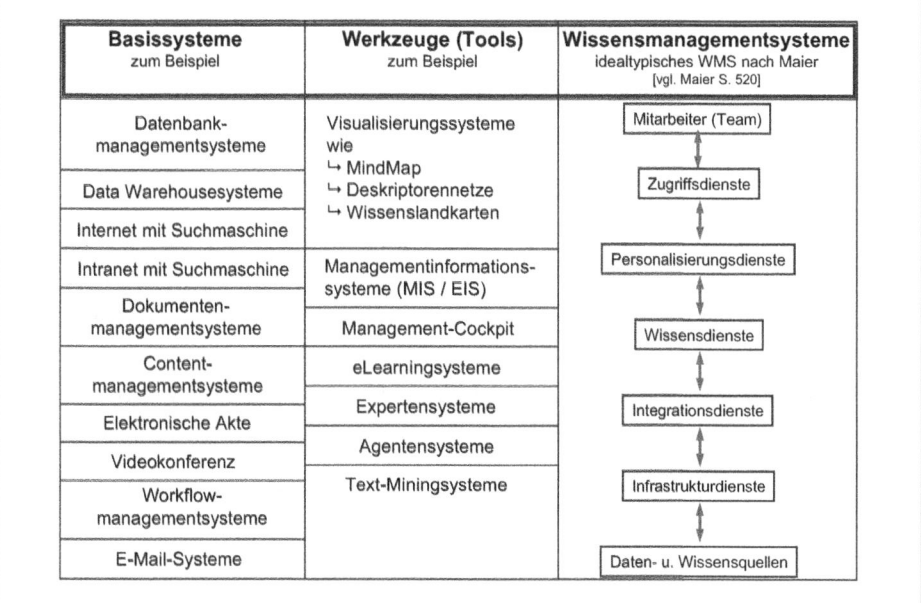

Basissysteme zum Beispiel	Werkzeuge (Tools) zum Beispiel	Wissensmanagementsysteme idealtypisches WMS nach Maier [vgl. Maier S. 520]
Datenbank- managementsysteme	Visualisierungssysteme wie ↳ MindMap ↳ Deskriptorennetze ↳ Wissenslandkarten	Mitarbeiter (Team)
Data Warehousesysteme		Zugriffsdienste
Internet mit Suchmaschine		
Intranet mit Suchmaschine	Managementinformations- systeme (MIS / EIS)	Personalisierungsdienste
Dokumenten- managementsysteme	Management-Cockpit	Wissensdienste
Content- managementsysteme	eLearningsysteme	
Elektronische Akte	Expertensysteme	Integrationsdienste
Videokonferenz	Agentensysteme	
Workflow- managementsysteme	Text-Miningsysteme	Infrastrukturdienste
E-Mail-Systeme		Daten- u. Wissensquellen

Abbildung 13: *Systeme zur Unterstützung des Wissensmanagements*

Wenn in Unternehmen bei der Nutzung eines Intranets von der Nutzung eines Wissensmanagementsystems gesprochen wird, ist das zwar wissenschaftlich unkorrekt, bietet aber in der Tat eine Plattform, um Wissen verteilen und entwickeln zu können. Exakt wäre hier das Intranet als ein Werkzeug zur Unterstützung der Wissensverteilungs- und Wissensentwicklungsprozesse darzustellen.

Wenn allerdings, wie in einem Kraftwerk geschehen, Excel-Tabellen, in denen Abläufe zum Beantragungsverfahren bei Behörden dokumentiert worden sind, von den Führungskräften als Wissensmanagementsystem bezeichnet werden, dann muss dem entschieden widersprochen werden.

Wenn in solchen Tabellen, die nicht für die Textverarbeitung geeignet sind, unstrukturiert Abläufe beschrieben werden, in einer eigenen Formulierung, die nur einige wenige Mitarbeiter verstehen, dann hat das nichts mit wissenschaftlicher Unkorrektheit zu tun, sondern ist schlicht und ergreifend unbrauchbar und untauglich im Kontext des Wissensmanagements.

Wer solche „Dokumente" als Basis zur Weitergabe von Wissen betrachtet, der steht noch ganz am Anfang des Themas.

Die Unternehmen sollten nicht versuchen, alles, was in irgendeiner Form dokumentiert oder kommuniziert wird, als Wissensmanagement oder gar Wissensmanagementsystem zu bezeichnen. Das verdeckt die Sicht auf die tatsächlichen und wichtigen Prozesse, die zur Nutzung der immateriellen Ressource Wissen notwendig sind, und unterbindet die echten Aktivitäten in Richtung Wissensmanagement.

Die elektronische Unterstützung wird benötigt

- zur Erfassung von Daten und Wissen in den unterschiedlichsten Formen,

- zur Verhinderung möglichst weniger Medienbrüche,

- zur Speicherung und Verarbeitung der Daten und des Wissens als Informations- und Wissensbasis,

- zur Kommunikation mit punktgenauer Lieferung und hoher Verfügbarkeit der Informationen und des Wissens,

- als Plattform zum Suchen und Finden der Daten, Informationen und des Wissens,

- als Hilfsmittel zur Transformation von implizitem in explizites Wissen,

- als Hilfsmittel zur Transparenz und Nachvollziehbarkeit der Prozesse der Entstehung der Information und des Wissens,

- als Hilfsmittel zur kontrollierten und sicheren Zuordnung der Wissensträger und Wissenssuchenden über Pfade, Laufwerke und Rechtekonzepte für den Zugriff,

- als Basis zur Einbindung in die Arbeitsabläufe.

Wie bereits betont, bringt ein Mehr an Daten noch keine besseren Informationen bzw. ein Mehr an explizitem Wissen noch keine effizientere Nutzung der Ressource Wissen. Unkontrollierte Datenmengen, heute technisch problemlos handhabbar, bedeuten keineswegs bessere Informationen.

Abbildung 14 zeigt die Dynamik von Daten- und Wissensbeständen in Form eines Causal-Loop-Diagramms. Dabei sind zwei verstärkende Rückkopplungen (R1 und R2) zu beobachten:

R1: Verstärkte Optimierung der Aufbereitung der Bestände → bessere Treffsicherheit im Suchprozess → erhöhtes Vertrauen in die Bestände → verstärkte Nutzung der Daten- und Wissensbasis.

Keine optimierte Aufbereitung der Bestände → schlechte Trefferquote im Suchprozess → sinkendes Vertrauen in die Bestände → sinkende Nutzung der Daten- und Wissensbasis.

R2: Mehr Pflege und Aktualisierung der Bestände → mehr Qualität der Inhalte → erhöhtes Vertrauen in die Bestände → verstärkte Nutzung der Daten- und Wissensbasis.

Weniger Pflege und Aktualisierung der Bestände → weniger Qualität der Inhalte → sinkendes Vertrauen in die Bestände → sinkende Nutzung der Daten- und Wissensbasis.

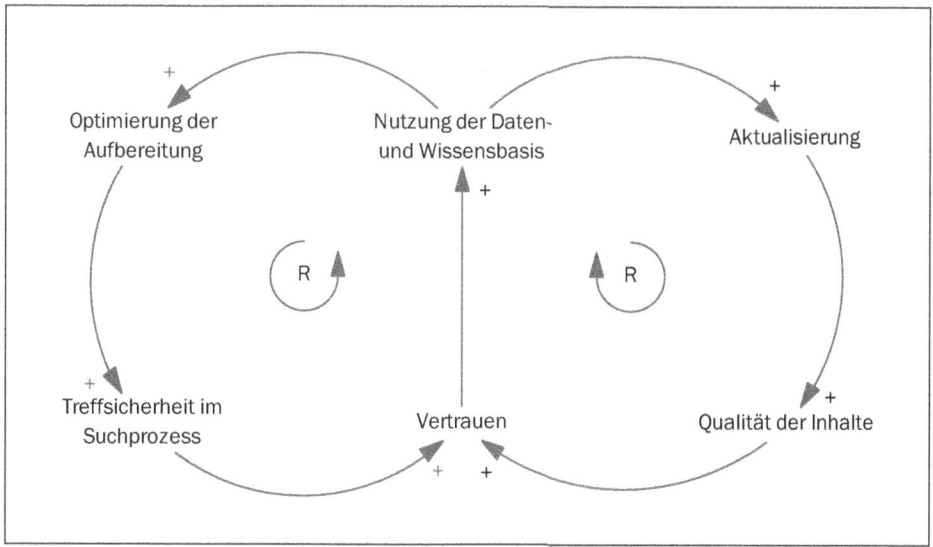

Abbildung 14: *Wirkungszusammenhänge einer Daten- und Wissensbasis*

Die negativen Wirkungsrichtungen der beiden Kreisläufe führen von vormals aktuellen Daten- und Wissensbeständen zu Datenfriedhöfen, die am Ende nicht mehr brauchbar sind und auch nicht mehr genutzt werden.

Kontrollierte Datenqualität und kontrollierte Dokumentenquantität und -qualität plus zumutbare und gelebte Nutzungsregeln, die Teil der Unternehmenskultur sind, garantieren die Einbeziehung der immateriellen Ressource Wissen in den Wertschöpfungsprozess.

Gestaltungskonzepte des Wissensmanagements für Projektarbeit

1. Paradigmenwechsel entlang der Projektmanagementprozesse

Warum eignen sich gerade die Prozesse des Projektmanagements zur Demonstration der unbedingten Notwendigkeit der Einbeziehung des Wissensmanagements auf dem Weg zum Projekt- und Unternehmenserfolg?

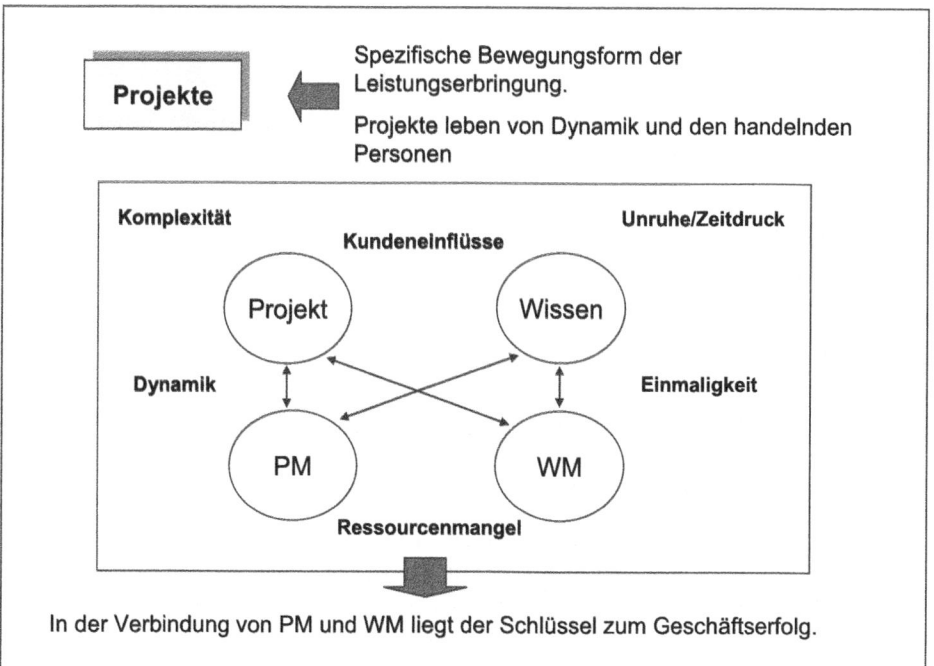

Abbildung 15: Wissensmanagement im Projektmanagement

Gerade Dynamik und Unruhe im geregelten Organismus „Unternehmen" bieten eine hervorragende Chance zu demonstrieren, warum die Einbeziehung des Wissensmanagements zur Lösung der Aufgabenstellung unter Zeit- und Innovationsdruck im Sinne und zum Erfolg des Unternehmens notwendig ist.

Um die Projektarbeit als Bewegungsform zur Realisierung von Projekten in Einheit von Führung und Organisation zukunftsorientiert auszurichten, muss das Projektverständnis als Abgrenzung zu anderen Bewegungsformen in der Hierarchie erarbeitet werden.

Laut deutscher Industrienorm wird ein Projekt definiert als „... ein Vorhaben, das im Wesentlichen durch Einmaligkeit der Bedingungen in ihrer Gesamtheit gekennzeichnet ist" [DIN, 69901].

Zu den Bedingungen zählen neben einem definierten Beginn und einem definierten Ende Zielorientierung, Komplexität, Interdisziplinarität und Erfolgsrisiko. Diese Bedingungen grenzen ein Projekt von der Normalität im Sinne von sich wiederholenden, wiederkehrenden Aufgaben, dem so genannten Tagesgeschäft, ab.

Madauss bezeichnet Projekte aus diesem Grund auch als „außergewöhnliche Vorhaben".

Eine spezifische Zielsetzung und ein adäquater Aufgabenumfang mit adäquater Komplexität stellen Grundvoraussetzungen für die Etablierung eines Projekts dar. Die Chancen zur zeitweiligen Integration von Spezialisten aus unterschiedlichen Gebieten und auch Organisationseinheiten mit differenziertem Wissen sind einmalig groß und eröffnen bei qualifizierter Nutzung wiederum Chancen zur Synergie in breitem Umfang.

Projekte bieten dann einen Rahmen für innovatives Denken und Kreativität, wenn das Projektteam ein Potenzial dafür in sich birgt, motiviert ist und wenn die inhaltlichen Zielsetzungen Freiräume zulassen.

Das Risiko in Projekten liegt in der Einmaligkeit und dem aufwands- und funktionsbestimmten Ziel-/Ergebnis-Konflikt begründet.

Genau da setzt die Beweisführung für die Notwendigkeit des Paradigmenwechsels an.

Für den Projekterfolg sind unter dem neuen Paradigma nicht nur die Einhaltung der geschätzten Zeit, der geschätzten Kosten und der im Pflichtenheft beschriebenen Leistung ausschlaggebend, sondern die vorausschauende, bewusste Einbeziehung der immateriellen Ressource Wissen und die Fähigkeit des Managements, die komplexen Wirkungszusammenhänge in einem Projekt zu erkennen und mit Erfolg zu beeinflussen.

Die gezielte Nutzung von Wissen als immaterielle Ressource führt zur Risikominimierung in der Projektarbeit. Ignoranz dieser Ressource, Halbherzigkeit in der Nutzung bzw. Beschränkung auf explizites Wissen und eine Gleichbehandlung mit den materiellen Ressourcen führen unter den aufgezeigten Bedingungen sogar zu einem erhöhten Risiko.

Da sich der Paradigmenwechsel nur entlang der Projektmanagementprozesse vollziehen kann, wurden die als best practice im PMBOK (Project Management Body of Knowledge) deklarierten fünf Hauptprozesse des Projektmanagements herangezogen.

Laut PMBOK sind das die folgenden Hauptprozesse [vgl. PMBOK 2005]. Abbildung 16 verdeutlicht deren Reihenfolge und Parallelität:

▣ *Projektinitiierung*
Prozess bis zum Projektbeginn, der mit dem Kick-off-Meeting beendet ist. Eingeschlossen sind Tätigkeiten wie Projektzieldefinition, Projektantragstellung, Budget- und Zeitvorgaben.

▣ *Projektplanung*
Prozess, der bereits vor dem Kick-off-Meeting beginnt und eine rollierende Planung während der Projektrealisierung beinhaltet. Eingeschlossen sind Tätigkeiten wie Projektstrukturplanung, Terminplanung, Ressourcen- und Einsatzplanung und Aufwands- und Kostenschätzungen.

▣ *Projektrealisierung*
Prozess, der nach dem Kick-off-Meeting beginnt und mit der Fertigstellung der Projektleistung, dem Projektergebnis (Produkt), beendet ist.

▣ *Projektabschluss*
Prozess, der am Ende der Realisierungsphase beginnt und nach dem Projektabschlussbericht beendet ist. Eingeschlossen sind Tätigkeiten wie Produktabnahme und Projektschließungsverfahren.

▣ *Projektcontrolling*
Prozess, der gleichzeitig mit dem Initiierungsprozess beginnt, über die gesamte Projektlaufzeit anhält und erst nach dem Projektabschluss beendet ist. Eingeschlossen sind Tätigkeiten wie Terminkontrolle, Aufwands- und Kostenkontrolle, Leistungsfortschrittskontrolle, Risikomanagement, Qualitätsmanagement und Wissenssicherung nach Projektabschluss (siehe auch in diesem Kapitel Absatz 4 „Realistische Möglichkeiten zum Wissenstransfer und zur Wissenstransformation in der Projektarbeit").

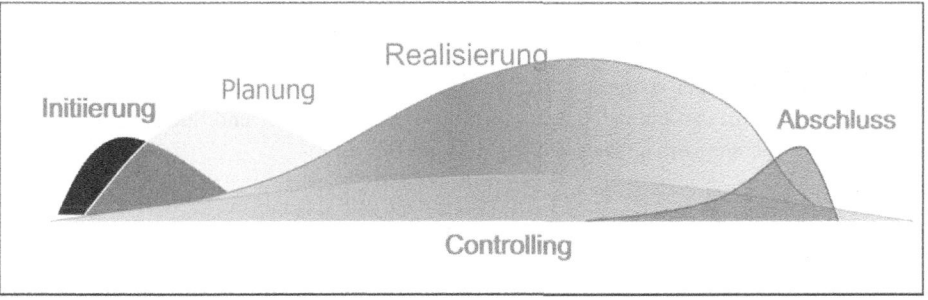

Abbildung 16: *Phasen im Projektlebenszyklus*
[vgl. Kreitel 2004, S. 7 in Anlehnung an PMBOK]

Bei der Einbeziehung des Wissensmanagements entlang der Projektmanagementprozesse – dem Paradigmenwechsel – wurden die folgenden Erfahrungen gemacht:

- Als oberstes Gebot gilt es, die Wissensbedarfe zu befriedigen und nicht umgekehrt. Wissen zur Verfügung zu stellen, was niemand braucht und will, ist kontraproduktiv. Projektmanagement-Handbücher, die keiner lesen will, und die gelesen werden müssen, aber keiner versteht, nützen nicht, sondern schaden einer effizienten Projektarbeit.

- Das wirklich kritische Wissen wird nicht ohne eine Vertrauensbasis im Unternehmen weitergegeben.

- Diskrepanzen zwischen dem zur Verfügung gestellten Wissen und dem benötigten Wissen sind nicht über technisch perfekte Wissensmanagementsysteme überwindbar, sondern nur über vertrauensvolle und effiziente Kommunikationsprozesse.

- Das Management muss hinter der mindestens gleichberechtigten Einbeziehung des Wissens in die Projektarbeit stehen und eine Führungskoalition für einen bewussten Paradigmenwechsel bilden. Die verbreitete Meinung: „Wissen wird sowieso durch Kommunikationsprozesse innerhalb des Projektteams ausgetauscht" ist nicht zielführend.

Empfehlung

> Befriedigen Sie vor Beginn und während der Projektarbeit die Wissensbedarfe. Nicht umgekehrt. Stellen Sie nur Wissen zur Verfügung, das jemand braucht und will. Alles andere ist kontraproduktiv.

Beim Paradigmenwechsel steht das Aufnehmen von Erfahrungen anderer, bevor eine Aufgabe begonnen wird, nämlich während der Projektinitiierung, im Fokus. Das Fahrrad nicht neu zu erfinden, erfolgsfördernde und erfolgsmindernde Bedingungen und Entscheidungen auszuwerten, bevor das neue Projekt beginnt, das ist kluges Projektmanagement.

Tut das nicht heute jeder schon im privaten Bereich? Bevor mit der Lösung einer Aufgabe begonnen wird, wird erst einmal „gegoogelt", um sich via Internet und Suchmaschine einen Überblick über bereits vorhandenes Wissen zu verschaffen.

Empfehlung

> Haben Sie heute schon „gegoogelt"?
>
> In den Unternehmen muss es Normalität werden, während der Initiierungsphase in den unternehmensinternen Wissensplattformen „zu googeln" und/oder direkt mit den Wissensträgern zu kommunizieren, ehe das Team das neue Projekt startet.

Allerdings wird „googeln" als eine Form der Volltextsuche mit der Ausgabe von Dokumenten in unbewertetem Umfang und willkürlicher Reihenfolge auf die Dauer und im Hinblick auf die Ergebnisqualität der Suchprozesse nicht ausreichend sein.

Die Unterstützung der erfolgreichen Suche in kürzester Zeit, also die Unterstützung des Findens von inhaltlich zufrieden stellenden Antworten, erfordert neben der Volltextsuche die Möglichkeit der Realisierung semantischer Suchprozesse, die im Ergebnis keine Dokumente liefern, sondern die gestellte Frage beantworten.

Die bereits in der Dienstleistungsbranche, speziell in Service Centern eingesetzten semantischen Netze (semantic web) bieten eine hervorragende Ergänzung zur Volltextsuche im Internet oder im Intranet des Unternehmens. Die Basis solcher semantischen Netze bilden ontologische Netzwerke, die Kontextinformationen verknüpfen und somit ermöglichen, dass auch der Kontext eines Begriffs erfasst und automatisch zur Beantwortung einer Frage hinzugezogen wird.

Beispiel

Sie finden im Urlaub in Phaic Tan nicht nur die berühmten Irrawaddy-Flussdelphine, die bereits hinreichend bekannt sind und unter diesem Namen bei jeder Volltextsuche erscheinen, sondern auch eine Frucht, die rot aussieht, Stacheln hat und deren Saft sehr streng riecht. Wie viele Versuche müssen Sie wohl mit herkömmlicher Volltextsuche unternehmen, um den Namen der Frucht herauszufinden bzw. zu erfahren, ob und in welchem Zustand die Frucht essbar ist? Wenn es überhaupt möglich ist. Ich habe es nicht herausgefunden.

Eine weit effizientere Suche bieten hier die semantischen Netzwerke, bei denen eine genaue Beschreibung des Objektes zur Beantwortung der Frage führt. Je detaillierter und konsistenter das hinter der semantischen Suche liegende ontologische Netzwerk ist, desto schneller und genauer erhalten die Nutzer die Antwort.

Semantische Netzwerke führen bei gepflegter ontologischer Basis zu effizienten Suchergebnissen mit erhöhter Treffsicherheit und verkürzten Suchzeiten.

Ehe jedoch mit der Einführung von Plattformen zur Volltextsuche, zur semantischen Suche, Dokumentenmanagementsystemen und /oder Wissenslandkarten begonnen werden kann, sind die folgenden Erfahrungen der Praxis als *Voraussetzungen* für die Einführung eines wissensbasierten Projektmanagements unbedingt umzusetzen.

Das Management muss

- den Paradigmenwechsel begreifen und kommunizieren. Es muss der immateriellen Ressource Wissen mindestens einen gleichberechtigten, besser noch den Spitzenplatz neben den materiellen Ressourcen einräumen,

▦ eine Führungskoalition aufbauen,

▦ kurzfristig realisierbare Ziele für wissensbasiertes Projektmanagement stellen,

▦ Bedingungen zur effizienten Kommunikation und zur Wissenstransformation schaffen,

▦ Erfolge, Misserfolge evaluieren und

▦ Veränderungen herbeiführen, damit sich eine entsprechende Unternehmenskultur entwickeln kann.

Diese Voraussetzungen sind als Reihenfolge zu betrachten. An die Spitze wurde bewusst nicht die Veränderung der Unternehmenskultur gesetzt, denn die kann zwar durch Leitbilder verdeutlicht werden, muss sich aber von innen heraus über Vorbildwirkung, Reflexion und bewusste Handlungen langsam entwickeln. Und das geht nicht über den berühmten Händedruck und den Austausch toller Sprüche, sondern nur über die tägliche Auseinandersetzung im Arbeitsprozess.

Empfehlung

Bilden Sie eine strategische Führungskoalition für das wissensbasierte Projektmanagement. Überlassen Sie diesen tiefgreifenden Wandel der Unternehmenskultur nicht den Projektmanagern selbst.

2. Das magische Dreieck wissensbasierter Projektarbeit

Da es sich beim Projektmanagement um die Führung von Projekten und die Organisation der Rahmenbedingungen handelt, ist die Ausrichtung sowohl auf die projektinneren als auch auf die äußeren, unternehmensweiten Bedingungen und Kundenanforderungen notwendig.

Im Kern ist jedes operative Projektmanagement nach der Festlegung des Projektziels auf vier interdependente Parameter gerichtet:

▦ Projektleistungen, dargestellt in Quantität,

▦ Qualität, dargestellt über Qualitätsparameter,

▦ Zeit, dargestellt in Dauer und Stichtagen,

▦ Ressourcen, gemessen in Ressourcenaufwand und Kosten.

Hier wird vom magischen Viereck des Projektmanagements oder laut Daenzer vom „Teufels-quadrat" gesprochen. Magisch und teuflisch deswegen, da jede Veränderung eines Parameters Veränderungen der anderen Parameter nach sich zieht, die oftmals ungewollt und fatal in der Auswirkung auf das Projektergebnis sind.

Allerdings werden unter Ressourcen nur die materiellen Ressourcen wie Mitarbeiter, unter-nehmensexterne Partner, Freelancer und finanzielles Projektbudget verstanden. Das Wissen als immaterielle Ressource wurde bisher aufgrund seiner nicht möglichen Quantifizierbarkeit nicht einbezogen bzw. über die handelnden Personen subsumiert.

Eine zukunftsorientierte Vision des Projektmanagements schließt das beschriebene Wechsel-verhältnis von Leistung, Qualität, Zeit und Ressourcen natürlich nicht aus, setzt diesem aber ein magisches Dreieck mit drei weiteren interdependenten Parametern, wie Abbildung 17 zeigt, darüber:

▨ Wissen (immaterielle Ressource),

▨ Management (systemisches und strategisches Denken der Manager),

▨ Erfolg (Realisierung der Unternehmensziele).

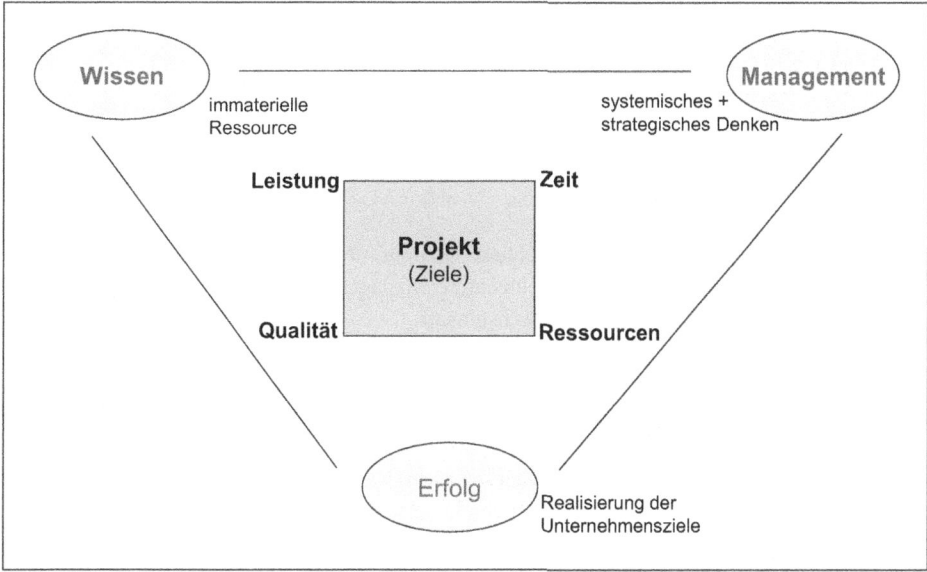

Abbildung 17: *Magisches Dreieck wissensbasierter Projektarbeit*

Abbildung 18 beschreibt die Wirkungszusammenhänge der Parameter in Form eines Causal-Loop-Diagramms. Dabei sind zwei verstärkende Rückkopplungen (R1 und R2) und eine stabilisierende Rückkopplung (B) zu beobachten.

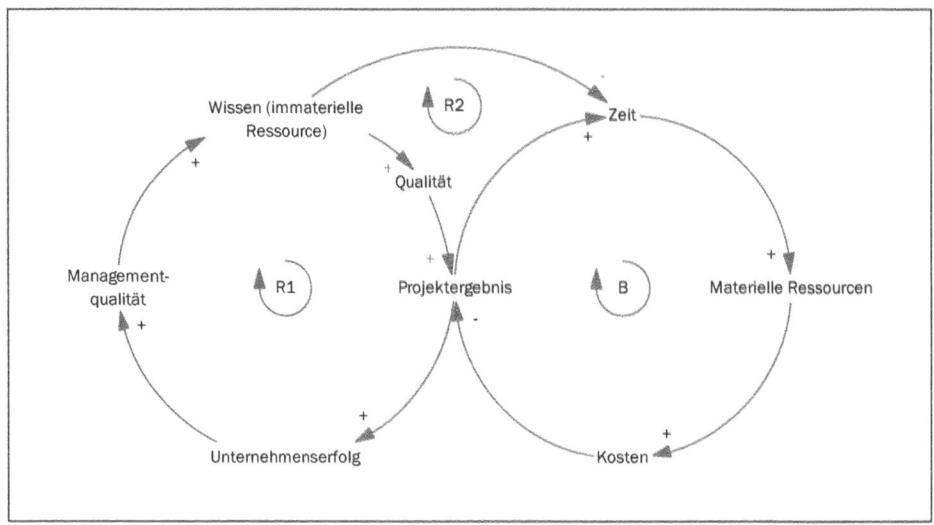

Abbildung 18: *Wirkungszusammenhänge im Projektmanagement*

Folgende Interdependenzen sind unterstellt:

B: Mehr Projektleistung (als geplant) → mehr Zeit → höherer Ressourceneinsatz → höhere Kosten → schlechteres Projektergebnis (sinkender Projekterfolg).

R1: Mehr Wissenseinsatz → bessere Qualität → besseres Projektergebnis → mehr Unternehmenserfolg → bessere Managementqualität → besseres Wissensmanagement/noch mehr Wissenseinsatz.

Weniger Wissenseinsatz → schlechtere Qualität → schlechteres Projektergebnis → weniger Unternehmenserfolg → schlechtere Managementqualität → schlechteres Wissensmanagement/noch weniger Wissenseinsatz.

R2: Mehr Wissenseinsatz → weniger Zeit → geringerer Ressourceneinsatz → weniger Kosten → besseres Projektergebnis → mehr Unternehmenserfolg → bessere Managementqualität → besseres Wissensmanagement.

Weniger Wissenseinsatz → mehr Zeit → mehr Ressourceneinsatz → mehr Kosten → schlechteres Projektergebnis → weniger Unternehmenserfolg → schlechtere Managementqualität → schlechteres Wissensmanagement/noch weniger Wissenseinsatz.

Das Modell B zeigt einen typischen Kreislauf bei sogenannten „kundengesteuerten Projekten", wie z. B. im Anlagenbau oder im Software-Engineering. Hier stehen zwar Pflichtenhefte als Ausgangsbasis zur Verfügung, aber durch eine kundennahe Projektrealisierung kommt es häufig zu Änderungen, die das Produkt selbst oftmals gering beeinflussen, aber größere Schäden im Projektergebnis hinterlassen.

Die Modelle R1 und R2 zeigen verstärkende Rückkopplungen, die die große Chance für die effiziente Einbeziehung der immateriellen Ressource Wissen in die Projektarbeit, aber auch die Gefahr der Vernachlässigung der Ressource Wissen und die Gefahr schlechter Führungstätigkeit überdeutlich machen. Nur ein Durchbrechen dieser Kreisläufe kann die verstärkende Wirkung in negativer Richtung aufhalten.

Um Projekte zielorientiert unter Zeit- und Innovationsdruck steuern zu können, bedarf es einer Auswahl des benötigten Wissens im Vorfeld, qualifizierter Teammitglieder und der Hinzuziehung geeigneter Wissensquellen während der Projektarbeit.

Das Management muss gerade diesen Prozess der Bestimmung des Wissensbedarfs mit der höchsten Priorität versehen und die Auswahl bzw. die Einbeziehung veranlassen. Dabei kann es nicht nur um die Einbeziehung von Wissensdatenbanken und/oder des Intranets gehen, sondern hier spielen persönliche Konsultationen, die zeitweilige Einbeziehung von Spezialisten, die Ausnutzung eines Ressourcennetzwerkes usw. (siehe Abschnitt 4.4) eine entscheidende Rolle.

Der Kapitän eines Airbus 380 verlässt sich auch nicht allein auf seine Kenntnisse, Erfahrungen, technischen Geräte und die Automatik, um einen normalen Flug zu absolvieren und um Turbulenzen zu meistern, sondern braucht dazu weitere Spezialisten, wie einen zweiten Offizier und einen Navigator.

Das verfügbare Kapital kann dann am effizientesten verwendet werden, wenn das im Unternehmen vorhandene Wissen, in Einheit von dokumentiertem und nicht dokumentiertem Wissen, tatsächlich genutzt wird. Der Nutzung geht selbstverständlich ein Validieren des Wissens anhand der aktuellen Fragestellungen voraus.

Risikoarm fliegen durch Vorausschau der Turbulenzen und ihrer möglichen Vermeidung, ehe es zu spät ist! Was im Flugverkehr bereits sehr gut machbar ist, führt projiziert auf die Projektarbeit oftmals zu Projektzeitverlängerungen, Kapitalerhöhungen oder auch zu Projektabbrüchen.

Wie kann dem entgegengewirkt werden? Können Turbulenzen überhaupt im Vorhinein erkannt werden?

Addor spricht auf einem Projektmanagement-Symposium von der Krise der Wahrnehmung im Projektmanagement.

Wird näher hingeschaut, so ist es weniger die Wahrnehmung der einzelnen Risiko- und Einflussfaktoren, sondern eher die Erkennbarkeit ihrer Zusammenhänge, Wirkungsrichtungen und Wirkungsstärken.

In einer immer globaleren und damit komplexeren Wirtschaftswelt die Komplexität durchschaubar und damit einigermaßen beherrschbar zu machen, wird zum Gebot der Stunde.

So wie Max Frisch eine Krise als produktiven Zustand bezeichnet, so müssen auch im Projektmanagement Krisensituationen zu produktiven Auswegen, Mitteln und Methoden führen, die der Krise Paroli bieten, den Beigeschmack einer Katastrophe nehmen und zu neuen Wegen im Projektmanagement führen.

Solche Spannungsfelder wie

- nicht durchschaubare Komplexität,
- Zeitdruck,
- Kostendruck,
- Ressourcenmangel (materiell und immateriell) und
- unexakte Kundenkommunikation

gehen zu Lasten des Projektergebnisses und zu Lasten der Qualität.

Die bewusste und gezielte Nutzung der immateriellen Ressource Wissen und ein geschultes Management, welches um die Bedeutung von Projekten, um die Bedeutung der Ressource Wissen und um die Bedeutung der Transparenz von unternehmensinternen und unternehmensexternen Einflussfaktoren auf das Projektergebnis „weiß", sind die erfolgserhöhenden Faktoren im magischen Dreieck.

Um Wirkungszusammenhänge in einem komplexen Umfeld transparent zu machen, bedarf es der Einbeziehung von implizitem Wissen langjähriger Projektmanager und der Ansätze des systemischen Denkens.

„Der Gartenteich stinkt! Also: Fische herausfangen, Wasser ablassen. Der Bodengrund stinkt auch! Also: Bodengrund ausheben und mit der Schubkarre wegfahren. Neuen Kies in den Bodengrund, Wasserpflanzen wieder einsetzen, Teich mit Wasser füllen, Fische wieder einsetzen. Ein harter Arbeitstag und zwei tote Fische. Der Teich stinkt nicht mehr! Zwei Monate später: Der Gartenteich stinkt! ..." [Dörner 2006, S. 107]

Dieses Beispiel von Dörner zeigt sehr deutlich, um in der Projektarbeit eingetretene Probleme zu beheben, bedarf es eben nicht nur der sofortigen Beseitigung dieser durch Überbelastung der Teammitarbeiter, sondern einer Betrachtung der projektinternen und projektexternen Einflussfaktoren und ihrer Wirkungszusammenhänge, um dann über die Maßnahmen zu entscheiden.

Wer kennt aber die Faktoren und deren Wirkungen? Oder besser gefragt, wer macht sich die Mühe, die Faktoren und Wirkungszusammenhänge herauszufinden, ehe er reagiert? Unter Zeitdruck wird der Teich lieber abgelassen und der Boden abgetragen, alles andere würde Zeit in Anspruch nehmen, die man momentan nicht hat, allerdings später doppelt und dreifach haben muss.

Empfehlung

Lassen Sie Ihre Manager im systemischen Denken trainieren.

Geben Sie ihnen die Möglichkeit, Einflussfaktoren und Wirkungszusammenhänge zu erkennen.

Der operative und strategische Entscheidungsprozess wird leichter und fehlerärmer.

Systemisches Denken muss, um praktiziert werden zu können, eine *methodische Unterstützung* und eine *Sprache* zur Verständigung erhalten. Projektmanager brauchen solche Unterstützungswerkzeuge, um zunächst das Verständnis für vernetzte Zusammenhänge aufzubringen und um später in der konkreten Projektsituation systemisch durchdachte Entscheidungen zu treffen.

Die *Sprache* des systemischen Denkens ist ein Instrument für die Beschreibung von Systemen. Sie ermöglicht es, Wechselwirkungen und Veränderungsmuster zu erkennen und zu beschreiben. So wie natürliche Sprachen auf Substantiven und Verben aufbauen, so baut die Sprache des systemischen Denkens auf Feedbackprozessen und Verzögerungen auf [vgl. Senge 2003, S. 102].

Die *methodische Unterstützung* für das systemische Denken wird durch Modellierungs- und Lernmethoden gegeben. Modellierungsmethoden helfen zu verstehen, wie die verschiedenen Elemente eines Systems miteinander verbunden sind und wie sie sich gegenseitig beeinflussen. So können anhand dieser Modelle Veränderungen gemessen und vorhergesagt und das Lernen im Projektteam gefördert werden, indem mit diesen Modellen experimentiert wird [vgl. Sabel 2007, S. 7].

Folgende Methoden können eingesetzt werden [vgl. Maani et al. 2000, S. 8]:

- Causal-Loop-Diagramme (Wirkungsdiagramme),
- Stock-and-Flow-Diagramme (Flussdiagramme),
- Microworlds (Modell zum Experimentieren),
- Learning laboratory (LLab, Lernen in einer Gruppe auf Basis von Microworlds).

So wie in Abbildung 12 das Causal-Loop-Diagramm einen Überblick über prinzipielle Wirkungszusammenhänge und deren Wirkungsrichtungen in Projekten gibt, so sollte jeder Projektleiter für sein Projekt die Möglichkeit erhalten, konkrete Wirkungszusammenhänge für sich und sein Team transparent zu machen.

Dazu sollte ihm wenigstens eine Methode der Modellierung in Form eines elektronischen Werkzeugs zur Verfügung stehen, um ihm die Chance für systemisch durchdachte Entscheidungen einzuräumen.

Ob diese Chance genutzt wird, hängt von seinem Kenntnisstand, seiner Motivation, seiner Wahrnehmung der Notwendigkeit und letztlich von der Indikation für solche Unterstützungswerkzeuge ab.

Was lässt DeMarco in seinem Roman über Projektmanagement Mr. Tompkins in sein Tagebuch schreiben?

- „Modellieren Sie Ihre Instinkte über die Arbeitsprozesse.
- Entwickeln Sie die Modelle gemeinsam mit Kollegen, um Ihre Vermutungen über den Ablauf von Arbeitsprozessen auszutauschen und aufeinander abzustimmen.

- Nutzen Sie die Modelle als Basis für Simulation zur Abschätzung von Ergebnissen.

- Nutzen Sie die tatsächlichen Ergebnisse zur Verfeinerung der Modelle." [DeMarco 1998, S. 99 ff.]

Empfehlung

Modellieren Sie Ihr Bauchgefühl und Ihre Erfahrungen zur Projektrealisierung.

Tun Sie es vor Projektbeginn, und tauschen Sie sich mit anderen Wissensträgern aus.

Beziehen Sie neben den projekt- und unternehmensinternen Bedingungen auch die Umwelt und vor allem die Kunden ein.

Zwingen Sie sich zum systemischen Denken. Das führt in der Projektarbeit dauerhaft zum Erfolg.

3. Wissensträger vs. Wissenssuchende

Das Vorhandensein von Wissensträgern im Unternehmen und die Möglichkeit des Zugangs durch die Wissenssuchenden erzeugen per se noch keine hundertprozentige Trefferquote und schon gar nicht eine inhaltliche Zufriedenheit der Wissensdurstigen.

Es bestehen Diskrepanzen zwischen

- zur Verfügung gestelltem Wissen und abrufbarem Wissen und

- zur Verfügung gestelltem Wissen und abgerufenem Wissen.

Um diese Diskrepanzen zu minimieren, bedarf es einer dezidierten Beschreibung der Wissensträger und einer dezidierten Bedarfsbestimmung der Wissenssuchenden.

Wissensträger

Unter Wissensträgern werden alle natürlichen Personen und physikalischen Medien verstanden, die in der Lage sind, Wissen aufzunehmen und über einen definierten Zeitraum zu halten.

Bei den natürlichen Personen handelt es sich um

- Mitarbeiter (einschl. Auszubildende und Praktikanten),

- Manager,

▓ Kunden,

▓ Lieferanten,

▓ Partner und

▓ Berater

des Unternehmens.

Bei den physikalischen Medien handelt es sich um [vgl. Al-Laham 2003, S. 37]

▓ Papier,

▓ audiovisuelle Speicher,

▓ elektronische und optische Speicher aller Art und

▓ Produkte und Produktionsanlagen

im Unternehmen.

Wissenssuchende

Unter Wissenssuchenden werden hier natürliche Personen verstanden, die sich im Arbeitsprozess bestimmter Hilfsmittel bedienen, um an Wissen heranzukommen. Dabei können die Hilfsmittel herkömmlicher Art sein wie

▓ Telefon,

▓ Meeting,

▓ Hauspost

oder elektronischer Art sein wie

▓ E-Mail

▓ Suchmaschinen, Wikis, Portale und Agenten im Internet und/oder im Intranet,

▓ Dokumentenmanagementsysteme

▓ Workflowmanagementsysteme.

Eine Annäherung der inhaltlichen und organisatorischen Gestaltung der Wissensträger an die Bedürfnisse der Wissenssuchenden macht dann Sinn, wenn das Unternehmen gewillt ist, Probleme, die durch den inhaltlichen, örtlichen und zeitlichen Auseinanderfall der Bedarfe der Wissenssuchenden und der Möglichkeiten der Wissensträger entstehen, zu lösen.

Durch intelligente und für das Unternehmen passende Lösungen werden wertvolle Zeitreserven produktiv genutzt und nicht durch komplizierte Suchprozesse vergeudet.

Voraussetzungen dafür sind

- auf Seiten der Administration der Wissensträger:

  - Publizieren von explizitem Wissen,
  - Abfordern von implizitem Wissen,
  - Transformieren von implizitem Wissen in anwendbares explizites Wissen,

- auf Seiten der Wissenssuchenden:

  - Wahrnehmen der Dokumenteninhalte,
  - Begreifen der „Holschuld",
  - Validieren anhand der neuen Bedingungen,
  - Bereitschaft zur Übernahme von nicht selbst gemachten Erfahrungen,
  - Abgeben von implizitem Wissen.

In projektorganisierten Unternehmen, wie z. B. Beratungsunternehmen, werden die Wissensträger nach Abschluss eines Projektes aufgefordert, ihr während der Projektarbeit erworbenes Wissen nach bestimmten Vorgaben zu dokumentieren. Das wird in eine Wissensdatenbank oder in Dokumentensysteme wie die elektronische Akte übernommen und über Deskriptoren für den Suchprozess aufbereitet.

Um die Beratungsprozesse als Kernkompetenz dieser Unternehmen möglichst effizient und effektiv zu gestalten, hat sich dort bereits eine Kultur der Wissens-Bringschuld und Wissens-Holschuld etabliert. Vor Beginn eines neuen Projektes wird auf das Wissen aus vorhergehenden thematisch zuordenbaren Projekten zurückgegriffen. Die Wissenssuchenden benutzen dazu die angebotenen elektronischen Unterstützungsmöglichkeiten wie Intranet, Wissensdatenbanken, Dokumentensysteme oder E-Mail zum persönlichen Wissensaustausch.

Problematisch erscheint hier das Validieren des expliziten Wissens anhand der neuen Bedingungen. Wird das dem Mitarbeiter selbst überlassen, zeigt erst das Projektergebnis, wie wertvoll bzw. wie schädlich übernommenes Wissen für neue Prozesse war.

Eine kontinuierliche Bewertung des expliziten Wissens durch Senior-Projektmanager oder Projektkoordinatoren ist für diese Unternehmen unumgänglich, um die Wissensbasis aktuell zu halten und die Suchprozesse zu optimieren.

Empfehlung

Überlassen Sie das Validieren expliziten Wissens nicht dem Zufall.

Setzen Sie dafür Wissensträger ein, die kontinuierlich eine Bewertung des expliziten Wissens vornehmen.

4. Realistische Möglichkeiten zum Wissenstransfer und zur Wissenstransformation in der Projektarbeit

Bei all den beschriebenen Möglichkeiten geht es nicht um die Institutionalisierung von Wissensmanagement in Form von neuen Stellen oder Abteilungen, sondern um die Veränderung der Kultur hin zu einer offenen Atmosphäre als Basis für eine offene Kommunikation von Wissen und dem Aufsaugen von Erfahrungen anderer, bevor eine Aufgabe begonnen und während sie ausgeführt wird.

Genauso wie es heute nicht mehr ohne das Internet bei der Lösung einer Aufgabe geht, genauso muss es in den Unternehmen Normalität werden, zunächst in den unternehmensinternen Wissensplattformen zu „googeln" und/oder mündlich zu kommunizieren, ehe ein Team ein neues Projekt beginnt. Im Verlauf der Projektrealisierung muss die Kommunikation innerhalb und außerhalb des Teams und des Unternehmens gepflegt werden.

Während sich der *Wissenstransfer* auf die Übermittlung von Wissen von einem Sender an einen Empfänger in klarer, verständlicher Form, in sinnvollem Umfang und auf lesbaren und verarbeitungsfähigen Wegen bezieht, bedeutet *Wissenstransformation* die Umwandlung von verfügbarem Wissen in anwendbares Wissen.

Die Praxis zeigt, dass es beim Thema Wissensmanagement vielfach nur um das Aufspüren und den Transfer bereits gespeicherten Wissens geht.

Eine Differenzierung zwischen beiden Begriffen wird als theoretische Spitzfindigkeit abgetan und damit übergangen. Allein der Wissenstransfer vom Mitarbeiter zum Mitarbeiter oder vom Dokumentenspeicher zum Mitarbeiter stellt oftmals schon ein befriedigendes Ergebnis auf dem Weg zum Wissensmanagement dar.

Aber warum ist die Unterscheidung zwischen Wissenstransfer und Wissenstransformation nicht nur theoretisch, sonder auch praktisch außerordentlich bedeutungsvoll?

Selbstverständlich stellt der Wissenstransfer einen sehr wichtigen Schritt zur Nutzung des Wissens in der Geschäftätigkeit dar. Es ist jedoch nur ein erster Schritt, eine Voraussetzung zur Transformation des gefundenen Wissens in anwendbares Wissen.

Der Wirkungszusammenhang zwischen Wissenstransfer und Wissenstransformation muss für die Unternehmen transparent und begreifbar gemacht werden, um Handlungen auf beide Komponenten innerhalb des Wissensmanagements zu richten.

So wie das bereitgestellte Wissen die Basis zur Nutzung desselben darstellt, so stellt die Reflexion über die tatsächliche Nutzung wiederum die Basis zur Verbesserung des Such- und Transferprozesses dar.

Denn nur die sinnvoll gestellten Fragen und damit das unbedingt benötigte Wissen gibt eine gute Garantie für die Anwendbarkeit, und diese wiederum gibt verbunden mit einer entsprechenden Organisation der Lernprozesse Garantie für die verbesserte Qualität bei den zukünftigen Suchprozessen.

Ein Jammern über Fluktuation von Spezialisten, teure Einarbeitungszeiten und neue Produkte der Konkurrenz bringt zwar Aufmerksamkeit, hilft aber kein Stück bei der Verbesserung der Lage. Auch ein Klagen über nicht eingehaltene Projektlaufzeiten fördert zwar Energie zur Begründung der Situation zutage, würde aber bei Einsatz derselben für Wissenstransformation derartige Begründungen überflüssig machen.

Aus dem Grunde werden nachfolgend Instrumente beschrieben, die praktisch erprobt und erwiesenermaßen hilfreich beim Transformationsprozess wirken.

Empfehlung

Unterscheiden Sie bei der Kommunikation von Sender A nach Empfänger B unbedingt zwischen:

1. B hat Wissen empfangen.   = Wissenstransfer

2. B hat verstanden, worum es geht.   = Wissenstransformation

3. B wird das Wissen nutzen (umsetzen).   = Wissenstransformation

Fördern Sie die Wissenstransformation durch qualitative Verbesserung der Suchprozesse und Einbeziehung geeigneter Instrumente zur Unterstützung der Lernprozesse.

Wissen zur Verfügung zu stellen, was niemand anwenden kann, ist nur teuer und kontraproduktiv.

4.1   Instrumente zur Unterstützung der Wissenstransformation

Um den Prozess der Umwandlung von gefundenem Wissen in tatsächlich anwendbares Wissen während der Projektarbeit zu unterstützen, gibt es Instrumente, die je nach Bedarf und Wissensintensität in die Projektarbeit einbezogen werden sollten.

Abbildung 19 zeigt mögliche Instrumente, von denen drei nachfolgend näher beschrieben werden.

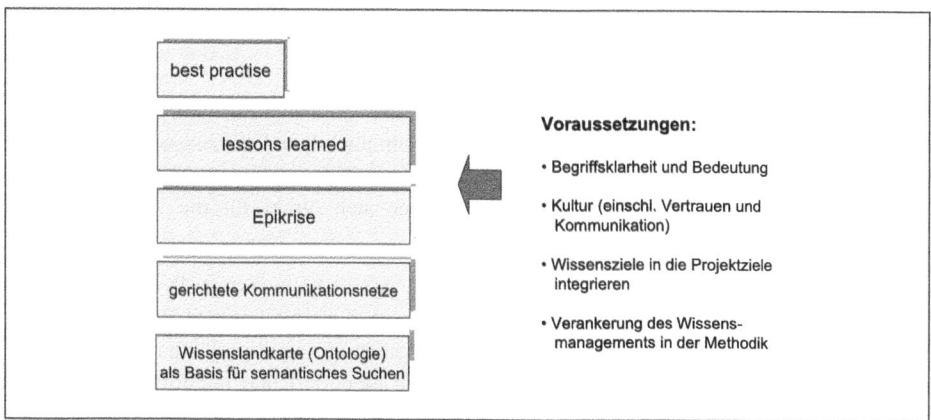

Abbildung 19: *Instrumente zur Unterstützung der Wissenstransformation*

Für den erfolgreichen Einsatz der Instrumente sind die folgenden Voraussetzungen zwingend zu beachten.

Instrumente werden dann halbherzig eingesetzt, wenn deren Bedeutung und deren Wirksamkeit nicht jedem Projektmitarbeiter klar sind. Instrumente werden dann untauglich, wenn deren Anwendung nicht in den Zielen vereinbart und in der Methodik verankert wurde und demzufolge dem Zufall überlassen wird. Instrumente werden dann irreal und überflüssig, wenn die Kultur deren systematische Anwendung nicht zulässt.

4.2   Lernprozesse organisieren

Ein heute sehr häufig verwendeter Begriff für Prozesse des Lernens und dessen Organisation selbst ist der Begriff Lessons Learned, der so viel heißen soll wie „gezogene Lehren", „gesammelte Erfahrungen". Der Begriff stammt ursprünglich aus dem Umfeld der Projektarbeit und macht die Notwendigkeit der Organisation von Lernprozessen und der Einbeziehung der Lernergebnisse für alle Bereiche des Unternehmens überdeutlich.

Nach Probst „repräsentieren Lessons Learned die Essenz der Erfahrungen, welche in einem Projekt oder einer Position gemacht wurden". [Probst et al. 2003, S. 210]

Um diese Erfahrungen externalisieren zu können, wird von drei Schritten ausgegangen:

1. Nach dem Abschluss eines Projektes oder einer Aufgabe wird ein Lessons-Learned-Workshop durchgeführt.

2. Ein Lessons-Learned-Bericht wird verfasst und dient in standardisierter Form als Basis zur Formalisierung und Dokumentation.

3. Das dokumentierte Wissen wird über unternehmensübliche und vor allem effiziente Plattformen bereitgestellt.

Der *erste Schritt* dient der Nachbereitung von Projekten, kann aber auch auf Arbeitsbereiche
der Verwaltung und Produktion übertragen werden, um auch hier Erfahrungen aufzunehmen
und Lernprozesse anzustoßen. Im Workshop werden sowohl positive als auch negative Erfahrungen reflektiert und erhoben. Lerneffekte ergeben sich direkt für die Teilnehmer des
Workshops und für das gesamte Unternehmen.

Ein nachahmenswertes Beispiel zeigt die ZF Sachs AG in Schweinfurt. Dort werden, wie
Untersuchungen im Rahmen einer Diplomarbeit zeigen, Lessons-Learned-Workshops nicht
nur für Projekte, sondern auch für Prozesse und Aufgaben mit nicht projekthaftem Charakter
geplant. Ein erster Workshop wurde bereits als Pilot moderiert und mit folgendem Ablauf
durchgeführt [vgl. May 2006, S. 99 ff.]:

▨ *Einführung und Rückblende*
   Den Teilnehmern wird kurz der Ablauf des zu reflektierenden Projektes oder Prozesses mit
   allen Höhen und Tiefen vorgestellt.

▨ *Brainstorming*
   Die Teilnehmer werden aufgefordert, unbedingt zu behandelnde Themen auf Metaplankar-
   ten zu schreiben und anzupinnen. Solche Themen können sein:

   – Planung,
   – Organisation,
   – Teamzusammensetzung,
   – Rollenverteilung,
   – Zieldimensionierung,
   – Kommunikation,
   – Dokumentation,
   – Methoden, Softwareunterstützung
   – usw.

▨ *Themenclustering*
   Die Themen werden gemeinsam zu Themenklassen zusammengefasst und einzelnen Teil-
   nehmergruppen zugeteilt.

▨ *Themenbearbeitung*
   Die Teilnehmer arbeiten in Gruppen die positiven und negativen Erfahrungen heraus und
   schlagen Maßnahmen zur Verbesserung vor. Abschließend beurteilen die Teilnehmer die
   Wiederverwendbarkeit und legen auch den Geltungsbereich für zukünftige Projekte und
   Prozesse fest.

▨ *Präsentation und Abschlussdiskussion*
   Zum Abschluss des Workshops erfolgt die Präsentation und Diskussion im Plenum. Hier
   besteht noch einmal Gelegenheit, auf die Qualität Einfluss zu nehmen.

Das Feedback nach einem Pilotworkshop zeigte ein starkes Interesse an einer geführten, gemeinsamen Wissenserhebung. Die Motivation, auf diese Art und Weise Wissen abzugeben, stieg im Vergleich zur Abgabe von Wissen in Lessons-Learned-Berichten ohne vorhergehenden Workshop. Außerdem wurde eine wesentlich tiefer gehende Reflexion über die vergangenen Prozesse beobachtet, die wiederum eine gute Ausgangsbasis zur Ideenfindung für zukünftige Projekte und Prozesse darstellt.

Das negative Feedback bezog sich lediglich auf die zusätzliche Zeit von ca. drei Stunden pro Workshop.

Zeit ist allerdings die geringste der Investitionen, wenn es um Wissenstransfer, Wissenstransformation und Lernprozesse geht.

Im Rahmen der Diplomarbeit wurde für den *zweiten Schritt* ein Lessons-Learned-Standardbericht für die ZF Sachs AG erarbeitet, der die Ergebnisse aus der Themenbearbeitung pro Thema zusammenfasst.

Der Bericht ist so aufgebaut, dass er als eigenständiges Instrument fungieren kann und nicht unbedingt den Workshop voraussetzt.

Empfehlung

Führen Sie unbedingt einen Workshop aus Motivations- und Qualitätsgründen durch. Die Einsparung an Zeit sollte nicht auf der Workshopseite, sondern auf der Berichtsseite liegen.

Lassen Sie die Lessons-Learned-Berichte bereits während des Workshops erstellen, das spart Zeit, Nerven und übliche Frustration bei der Dokumentation.

Beim dritten Schritt, der Bereitstellung der Lessons-Learned-Berichte und Workshopergebnisse, sollte eine Plattform gewählt werden, die für alle Mitarbeiter zugänglich und effektiv nutzbar ist. Das beste Wissen nützt nichts, wenn es nicht oder nur schwer zugänglich ist.

Wenn Mitarbeiter mehrere Stunden brauchen, um über ein schlecht strukturiertes Intranet aus Wissensdatenbanken Wissen zu extrahieren, sind sie sicherlich geneigt, anstatt sich zu quälen an einer Umgehungsstrategie zu arbeiten. Und wenn dann noch das Berechtigungssystem gerade bei den wichtigsten Dateien (welche auch sonst) den Zugriff verweigert, wird, anstatt die Zugriffsrechte einzufordern, der Computer ausgeschaltet.

Bei der ZF Sachs AG [vgl. May 2006, S. 102 f.] wurden das vorhandene Intranet und der installierte Wissensnavigator als Infrastruktur verwendet. Die Mitarbeiter können über eine Suchmaschine oder über die Volltextsuche des Wissensnavigators die Lessons-Learned-Berichte auffinden. Außerdem können die Mitarbeiter auf den Homepages der einzelnen Abteilungen in einer Rubrik Lessons Learned auf die Berichte der jeweiligen Abteilung zugreifen. Im Rahmen der Diplomarbeit wurde auch eine zentrale Homepage für Lessons

Learned erstellt, die alle Berichte und Workshopergebnisse beinhaltet und den Dialog zum Erstellen eines Lessons-Learned-Berichts gestattet.

Bei der Organisation der Lernprozesse geht es immer um zwei Stufen:

- Erstens geht es darum, Lernprozesse zu initiieren, zu organisieren und zu dokumentieren, und

- zweitens geht es darum, die Ergebnisse in aktuelle Arbeitsprozesse einzubeziehen.

Während die erste Stufe vorrangig eine organisatorische Aufgabe innerhalb des Unternehmens ist und demzufolge auch als Arbeitsschritt definiert und abgearbeitet werden kann, liegt die Folgestufe auf einer anderen Ebene.

Wie an mehreren Stellen des Buches bereits hervorgehoben, hat die Einbindung der dokumentierten Erfahrungen in die Lösung von Aufgaben bzw. bei der Realisierung von Projekten etwas zu tun mit

- „Holschuld",

- Validieren anhand der neuen Bedingungen,

- Wollen zur Übernahme von nicht selbst gemachten Erfahrungen und Wahrnehmung der Dokumenteninhalte.

Empfehlung

Beginnen Sie jeden Prozess zur Organisierung von Lernprozessen unbedingt mit der zweiten Stufe.

Damit erreichen Sie genügend Vorlauf für die Implementierung von Lessons Learned und können den Boden für die aktive Nutzung in den Projekten fruchtbar aufbereiten.

4.3   Das epikritische Interview

Die Epikrise ist ein in der Medizin verwendetes Instrument, um den Krankheitsverlauf, die verabreichte Medikation und den erreichten Gesundheitszustand des Patienten kritisch nachzubetrachten.

Auf die Projektarbeit übertragen, bedeutet die Epikrise ein Instrument zur kritischen Nachbetrachtung des Projektverlaufs, einschließlich der handelnden Personen, des Risikoverlaufs, der Gegenmaßnahmen und der erreichten Projektergebnisse.

Was sich über Jahrzehnte in der Medizin als Instrument zur Wissenserhebung, Wissensweitergabe und Initiierung der Lernprozesse zum Wohle der Patienten bewährt hat, ist auch auf die Prozesse der Projektarbeit übertragbar.

Einen Unterschied gibt es aufgrund zweier Fragen:

- Wer bestückt das Instrument mit Inhalt?

- Wer nutzt es bzw. hat überhaupt Interesse es zu nutzen?

Während die best practice aus positiven Erfahrungen heraus entstehen und Handlungsempfehlungen zum Erfolg geben, legen die Lessons-Learned-Workshops und die Lessons-Learned-Berichte Wert darauf, die Mitarbeiter und das Unternehmen vor einer Wiederholung von Fehlern zu bewahren.

Das epikritische Interview vereint im Ergebnis beide Instrumente. Geführt wird das Interview vom verantwortlichen Projektkoordinator bzw. Manager aus dem Lenkungsausschuss vornehmlich mit dem Projektleiter. Hierbei kommt es ganz dezidiert darauf an,

- *im ersten Block*
  den Projektverlauf und das Ergebnis kritisch einzuschätzen;

- *im zweiten Block*
  den Wirkungsgrad der Risikofaktoren

  - Komplexität,
  - Zeitdruck,
  - Kostendruck,
  - Ressourcenmangel (materielle und immaterielle),
  - Kundenkommunikation

  und der Maßnahmen zu bewerten;

- *im dritten Block*
  wahrgenommene Spannungsfelder zu beschreiben;

- *im vierten Block*
  Fehler, die gemacht wurden, mit den dazugehörige Bedingungen und ungünstige Konstellationen zu benennen.

In diesen vier Blöcken wird das epikritische Interview zu jedem Projekt geführt.

Das Interview wird aufgezeichnet und gemeinsam mit dem Projektabschlussbericht über die unternehmenseigene Infrastruktur den Projektleitern und Lenkungsausschussmitgliedern zur Verfügung gestellt.

Sollte aufgrund einer geringen Vertrauensbasis im Unternehmen das Problem entstehen, Fehler darzustellen und sich dazu zu bekennen, dann kann der vierte Block auch anonymisiert weitergegeben werden.

Allgemeinmediziner tun das im Internet. Sie haben sich mit „jeder-fehler-zaehlt" eine Plattform geschaffen, um anonym Fehler zu publizieren, damit diese im Sinne des Patienten nicht noch einmal passieren [Fehler 2007].

Im Intranet eines Unternehmens kann analog solch eine Plattform eingerichtet werden, die die Möglichkeit zur anonymen Fehlerbeschreibung mit den dazugehörigen Konstellationen aus vergangenen Projekten gibt. Im Sinne des Erfolgs zukünftiger Projekte ist das ein gangbarer und empfehlenswerter Weg.

Das Interesse zur Nutzung der Interviewergebnisse liegt auf Seiten der Projektleiter. Durch die Bewertung der Risikofaktoren und der eingeleiteten Maßnahmen werden wertvolle Erfahrungen publiziert, die nicht von jedem Projektleiter selbst durchlebt werden sollten. Im Sinne eines reibungsschwachen, risikoarmen Projektablaufs und der Projektzielerreichung wird dieses Instrument angenommen und benutzt.

So sind vor Projektbeginn Hinweise auf sinnvolle Aufwandsschätzungen oder Kommunikationsfehler mit den Kunden wertvolle Erfahrungen für einen Projektleiter in einem Unternehmen des Anlagenbaus. Aufgrund ähnlicher Produkte mit spezifischen Kundenwünschen lässt sich hier derartiges Wissen ausgezeichnet übertragen. Vorausgesetzt, es ist entsprechend aufbereitet und leicht im Zugriff, denn das wenigste, was ein Projektleiter zur Verfügung hat, ist Zeit.

Empfehlung

Kein Arzt kommt ohne Epikrise aus.

Lassen Sie den Arzt „Projektmanager" mit dem Patienten „Projekt" nicht ohne dieses wertvolle und erfolgreich erprobte Instrument arbeiten.

In allen Instrumenten liegen wie so oft Sinnhaftigkeit und Gefahr ihrer Zerstörung eng beieinander.

Die Gefahr besteht hier zum einen in einer möglichen Überladung bzw. Überflutung der Mitarbeiter mit diesen Instrumenten und zum anderen in der Gewissensberuhigung, alle Instrumente zu haben, ohne über die Nützlichkeit kontinuierlich zu reflektieren.

Der Wissensbereitstellung steht sicherlich bedingt durch moderne Infrastrukturen nichts im Wege.

Die Wissenstransformation wird bei Überladung halbherzig erfolgen, und die Wissensnutzung kann aufgrund veränderter Bedingungen nicht erfolgen oder bleibt dem Zufall überlassen.

Das ist nicht im Sinne des Erfinders des Wissensmanagements.

Empfehlung

Setzen Sie die Instrumente überlegt und schrittweise ein, denn der Zeitaufwand für die Wissenstransformation muss angemessen und die Nutzung der Instrumente muss vom Umfang und der Bedienbarkeit beherrschbar sein.

Reflektieren Sie in kurzen Abständen über die Nützlichkeit des Einsatzes der Instrumente.

Weniger ist oftmals mehr.

4.4   Gerichtete Kommunikationsnetze

Das gerichtete Kommunikationsnetz unterstreicht den gezielten Austausch von Informationen und Wissen zwischen den Mitarbeitern. Gerichtet deshalb, um deutlich zu machen, dass Wissensaustausch nicht dem Zufall überlassen werden darf. In solch einem unternehmensweiten Netzwerk gibt es vorgeschriebene Kommunikationswege, die einzuhalten sind, ehe mit der Lösung der Aufgabenstellung begonnen wird.

Wenn in diesem Buch von der Prämisse ausgegangen wird, dass *Wissensmanagement zu allererst in den Köpfen der Menschen und durch die Kommunikation zwischen ihnen stattfindet,* dann sind solche Kommunikationsnetzwerke eine ausgezeichnete Basis zur Unterstützung der Prozesse.

Gewusst-wo, d. h. zu wissen, wer das Wissen hat, das gerade benötigt wird, entscheidet oftmals über das Ergebnis der Projektarbeit. Es reicht jedoch nicht allein aus zu wissen, wer über Kenntnisse und Erfahrungen verfügt, sondern dazu kommen qualitative Faktoren wie

- Verlässlichkeit des Wissens,
- Aktualität des Wissens,
- Richtigkeit des Wissens und
- Grad der individuellen Färbung des Wissens.

Um eine etwaige Manipulation auszuschließen, spielen gerade diese Faktoren bei der Kommunikation über Netzwerke eine entscheidende Rolle.

Drei Voraussetzungen müssen für das Funktionieren gerichteter Kommunikationsnetze geschaffen werden:

- Freiwilligkeit des Wissensaustauschs aus der Überzeugung der Nützlichkeit heraus,
- Vertrauensbasis und
- Organisation.

Ähnlich einer Google-Plattform muss es möglich sein, ohne Zeitverlust Ansprechpartner zu finden, die ihr Wissen preisgeben. Es sollte nicht nur in Dokumenten oder Wissensdatenbanken, sondern auch im Spezialistenpool „gegoogelt" werden.

Zu einer intelligenten unternehmensweiten Lösung gehört auch die Einbeziehung von Telearbeitsplätzen in der Projektarbeit bis hin zu virtuellen Teams, wie sie in internationalen Projekten, die über Ländergrenzen hinweg als ein Team geführt werden, zu beobachten sind.

Die Führung solcher Projekte und der Wissensaustausch auf Distanz stellen per se nichts anderes als Projektarbeit in räumlicher Nähe dar. Das persönliche Gespräch wird über Videokonferenz und Telefon geführt.

Kompliziert wird der Wissenstransfer allerdings bei internationalen Projekten durch die interkulturellen Bedingungen.

Regnet nennt vier Kriterien, die das Konfliktpotenzial in internationalen Projekten verstärken, die übertragbar auf Schwierigkeiten beim Wissenstransfer sind [vgl. Regnet 2007, S. 77]:

▓ Missverständnisse in der Kommunikation,

▓ Reduktion der Kommunikation,

▓ kulturell bedingtes unterschiedliches Verhalten und

▓ kulturell bedingte unterschiedliche Verhaltenserwartungen.

Zustande kommen diese Schwierigkeiten durch sprachliche Diskrepanzen und Kulturunterschiede.

Hofstede fasst nach umfangreichen Studien fünf Kulturdimensionen zusammen, in denen interkulturelle Unterschiede auftreten [vgl. Hofstede in Hoffmann 2004, S. 26]:

▓ *Machtdistanz*
   im Sinne von emotionaler Distanz zwischen Vorgesetzten und Mitarbeitern,

▓ *Individualismus/Kollektivismus*
   im Sinne von Handeln nach eigenen Interessen bzw. Handeln zum Wohl der Gruppe,

▓ *Unsicherheitsvermeidung*
   im Sinne von Angst vor Unsicherheit bzw. Akzeptanz von Unsicherheit,

▓ *Maskulinität*
   im Sinne von klarer Rollentrennung und

▓ *konfuzianische Dynamik*
   im Sinne von Handeln nach langfristigen Zielen.

Wird das transferierte Wissen von den Empfängern unterschiedlich interpretiert, damit unterschiedlich transformiert und im Projektprozess unterschiedlich genutzt, gehen wertvolle positive Wirkungen auf das Projektergebnis verloren bzw. wandeln sich ins Gegenteil.

Oder anders ausgedrückt, werden erkennbare Stolpersteine nicht im Vorfeld aus dem Weg geräumt, führt gerade die immaterielle Ressource Wissen zu Irritationen und Ineffizienz in internationalen Projekten.

Demzufolge ist es wichtig, auf eine etwaige Nivellierung der interkulturellen Gegebenheit zu verzichten, zugunsten der Beschäftigung und des Erkennens der interkulturellen Unterschiede, um diese als Potenzial im internationalen Projekt zu nutzen.

Empfehlung

Lernen Sie mit interkulturellen Unterschieden umzugehen, um Wissen als immaterielle Ressource auch in internationalen Projekten ohne Verluste einsetzen zu können.

5.   Die 7 Schritte zum wissensbasierten Projektmanagement in kleinen und mittelständischen Unternehmen

Bei all den beschriebenen Möglichkeiten geht es nicht um die Institutionalisierung von Wissensmanagement in Form von neuen Stellen oder Abteilungen, sondern um die Veränderung der Kultur hin zu einer offenen Atmosphäre als Basis für eine offene Kommunikation von Wissen entlang der Projektmanagementprozesse.

Die alles entscheidende Frage vor einer Hinwendung zum oder Einführung von Wissensmanagement ist nicht die Frage nach den Kosten, sondern die Frage nach dem Maß der Notwendigkeit und Nützlichkeit gemessen an den zu erfüllenden Aufgaben.

Mit folgendem Ansatz, der allerdings nicht nur für das Wissensmanagement gilt, wird die Hinwendung zum Wissensmanagement erleichtert und vor allem in nützliche und notwendige Bahnen gelenkt:

Ein von Daryl Beach entwickeltes ergonomisches Modell der „7 Steps to make the World's Best Clinics" [vgl. Beach 2007] wird analog für eine erfolgreiche Einbeziehung der immateriellen Ressource Wissen in die Projektarbeit genutzt.

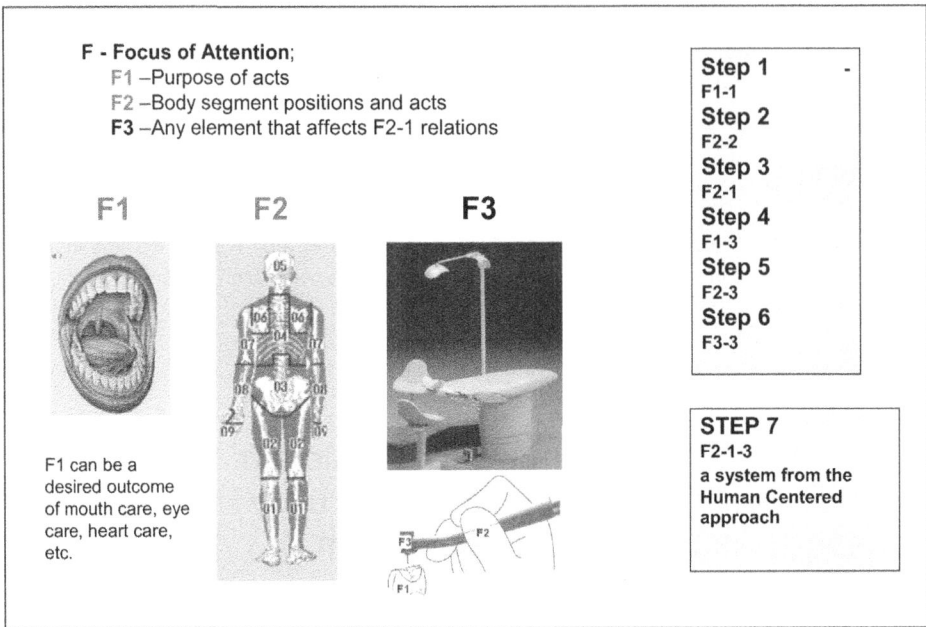

Abbildung 20: *Ergonomisches Modell von D. Beach*

Beach fokussiert auf drei Komponenten bei der Behandlung eines Patienten durch einen Zahnarzt, die in Beziehung stehen, und von deren Gestaltung und Handhabung die Ergonomie des Behandlungsprozesses abhängen (*Focus of attention*):

F1   Indikation, der Grund der Behandlung beim Patienten (purpose of acts).

F2   Angeborene menschliche Voraussetzungen des Zahnarztes
        (body segment positions and acts).

F3   Arbeitsmittel und Instrumente zur Unterstützung der Behandlung
        (anything that may affect the F2-1 relationship).

Daraus leiten sich seine 7 Schritte – F1-1, F2-2, F2-1, F1-3, F2-3, F3-3 und F2-1-3 – zum ergonomischen Behandlungsprozess ab.

1. Schritt F1-1   Feststellen der Indikation für eine Behandlung.

2. Schritt F2-2   Feststellen der physiologischen Voraussetzungen des Arztes.

3. Schritt F2-1   Ausrichten der Behandlung nach den physiologischen Bedingungen des Arztes, um ein effizientes Ergebnis für den Patienten und eine schmerzfreie Arbeit für den Arzt zu garantieren.

4. Schritt F1-3   Auswählen der Instrumente nach dem Grund der Behandlung.

5. Schritt F2-3   Auswählen der Instrumente nach den physiologischen Bedingungen des Arztes.

6. Schritt F3-3   Anpassen der Werkzeuge entsprechend der generellen Behandlungsnotwendigkeiten.

7. Schritt F2-1-3   Optimale Abstimmung aller drei Komponenten, ausgehend vom behandelnden Arzt.

Wie wird das „Beach-Modell" auf die Prozesse des Projekt- und Wissensmanagements adaptiert, und wie führt die Adaption zum wissensbasierten Projektmanagement?

Gegeben sind die drei Hauptkomponenten (Focus of attention):

F1   Projekt (Aufgabenstellung, Fragestellung).

F2   *Wissen* (Mitarbeiter, Team, Projektleiter).

F3   Wissensmanagementsysteme (Werkzeuge).

Zwischen diesen gibt es Beziehungen, die sich letztlich in 7 Schritten beschreiben und für die konkrete Aufgabe ausführen lassen. Bei konsequenter Beachtung dieser Beziehungen wird keine Komponente überbetont oder unterbelichtet, sondern *sinnvoll* auf den erfolgreichen Projektabschluss entsprechend der Projektziele gerichtet.

1. Schritt F1-1   Feststellen von Inhalt und Umfang der Projektaufgabe und Zerlegen dieser in sinnvolle Arbeitspakete.

2. Schritt F2-2   Sondieren der Kenntnisse, Fähigkeiten und Begabungen der Mitarbeiter.

3. Schritt F2-1   Zusammenstellen eines passenden Teams mit ausgebildeten Spezialisten zur Lösung der Arbeitspakete.
Zusammenstellen des für die Projektaufgabe notwendigen dokumentierten, organisationalen Wissens über Verfahren, Abläufe und Regeln.
Nutzen von Zugängen zu implizitem Wissen außerhalb des Teams.

4. Schritt F1-3   Auswählen oder Entwickeln des Werkzeugs, was sich für die Unterstützung bei der Lösung der Projektaufgabe am besten eignet.

5. Schritt F2-3   Überprüfen, ob die Mitarbeiter das Werkzeug effizient und benutzerfreundlich einsetzen können.

6. Schritt F3-3   Anpassung der Werkzeuge entsprechend der notwendigen Unterstützungsfunktionen.

7. Schritt F2-1-3   Überprüfen der optimalen Abstimmung aller drei Komponenten, immer vom Menschen (F2) ausgehend.

Auffällig ist hierbei das Fehlen der Schritte F3-1 und F3-2. Diese werden bewusst nicht betrachtet, da das Modell den Mitarbeiter mit seinen Kenntnissen, seinen Fähigkeiten und seiner Kreativität in den Mittelpunkt stellt und davon ausgehend die Komponente F3 bestimmt wird.

Der Schritt F3-1 würde genau dem technokratischen Ansatz des Wissensmanagements mit dem Fokus auf Werkzeuge und Systeme entsprechen. Damit wird nicht das Wissen für eine bestimmte Aufgabenstellung in den Vordergrund gehoben, sondern es werden Systeme vorgegeben, die allerdings nur mit viel Glück den Prozess des Managements von Wissen entlang der Projektprozesse unterstützen.

Die konsequente Realisierung der 7 Schritte garantiert ein Gleichgewicht zwischen den Fähigkeiten und Kenntnissen der Menschen, den Aufgaben, die zur Lösung anstehen, und den Unterstützungswerkzeugen, um das implizite Wissen entsprechend aufzuspüren und human im Lösungsprozess nutzen zu können.

Wenn Sie mindestens acht Stunden täglich am computergestützten Arbeitsplatz sitzen, benutzen Sie klugerweise keinen Fernsehsessel, sondern einen Bürostuhl. Sollten Sie allerdings die Abstimmung zwischen der Arbeitsaufgabe (Sitzen über lange Zeit hinweg), der Physiologie des Menschen und den Büromöbeln verletzen, weil Sie einen Fernsehsessel viel schöner und von der Optik passender finden, leiden Sie über kurz oder lang unter Schulter- und Rückenschmerzen.

Eine Überprüfung der F2-1-3 Beziehungen ist dann sofort anzuraten, um eine neue Abstimmung zwischen den 3 Hauptkomponenten mit dem Fokus auf den Menschen vorzunehmen. Das heißt, den Fernsehstuhl gegen einen ergonomischen Bürostuhl zu ersetzen.

Um ein Vielfaches besser ist es allerdings, bevor Sie sich zum Kauf entscheiden, gemäß der F2-1-3-Beziehung auszuwählen. Nur diese Sichtweise garantiert eine schmerzfreie Lösung der Arbeitsaufgaben von Anfang an. In jedem Fall ist die Prävention besser als das Heilen.

Für die Unternehmen bedeutet das:

▨ für den Fall der Einführung von Wissensmanagement: die präventive Überprüfung der Tauglichkeit und Zulässigkeit der Mittel für den jeweiligen Zweck und

▨ für den Fall der Nutzung von Wissensmanagement und Wissensmanagementsystemen: die kontinuierliche Überprüfung auf Erfolg und Tauglichkeit anhand der Zielerreichung in der Projektarbeit.

Um im Ergebnis der kontinuierlichen Überprüfung eine Entscheidung zwischen richtig oder falsch zu vermeiden, schlägt Beach eine Bewertung in drei Klassen vor:

0   maximale Übereinstimmung der Indikation mit dem notwendigen Wissen und den Werkzeugen,

1   akzeptable Übereinstimmung der Indikation mit dem notwendigen Wissen und den Werkzeugen,

2   nicht akzeptable Übereinstimmung der Indikation mit dem notwendigen Wissen und den Werkzeugen.

Die Bewertung mit 1 lässt noch genügend Spielraum zur erneuten Nutzung der Mittel, gibt aber auch die Chance zur Veränderung in Richtung maximale Übereinstimmung.

Die Akzeptanz wird dabei an der Zielerreichung überprüft. Hier ist es jedoch nicht so einfach wie beim Bürostuhlkauf. Die Ursachen für die „Schmerzen" resultieren aus komplexen Wirkungszusammenhängen von materiellen und immateriellen Ressourcen.

Wenn ein Projekt um Wochen verlängert werden muss, hat das entsprechend der Wirkungszusammenhänge im Projektmanagement (siehe in diesem Kapitel in Absatz 2 „Das magische Dreieck wissensbasierter Projektarbeit") mit Quantität und Qualität der materiellen und immateriellen Ressourcen, mit Kommunikationsprozessen und mit Entscheidungen des Managements zu tun.

Welchen Anteil dann das Wissen am Desaster hat, ist schlussendlich nur über die systemische Abbildung der Wirkungsfaktoren und die Quantifizierung ihrer Wirkungszusammenhänge zu erkennen.

Das in Abbildung 17 (S. 73) in diesem Kapitel in Absatz 2 „Das magische Dreieck wissensbasierter Projektarbeit" aufgezeigte Modell, das nach allen Seiten veränderbar ist, stellt eine Möglichkeit zur Transparenz der Wirkungszusammenhänge und letztlich zur Simulation ihrer Einflüsse dar.

Wird die Quantifizierung der Wirkungszusammenhänge in einem iterativen Prozess über einen Zeitraum hinweg durchgeführt, entsteht ein tragfähiges Modell und damit ein Werkzeug, mit dem sich nach Abschluss des Projektes Ursachenforschung und, was noch viel wichtiger ist, während der Laufzeit Projektsteuerung betreiben lässt.

Werden die vorgestellten 7 Schritte des „Beach-Modells" *vor* Einführung des wissensbasierten Projektmanagements bzw. vor Nutzung empfohlener Systeme und Werkzeuge konsequent durchlaufen, führt das zu fünf entscheidenden Vorteilen:

- Das Wissensmanagement wird in Inhalt, Art und Umfang genau auf die Belange der Projektprozesse (F1) und die bestmögliche Nutzung der vorhandenen immateriellen Ressource Wissen abgestimmt.

- Für die Mitarbeiter (F2) unzumutbare und für die Projektaufgabe (F1) untaugliche Wissensmanagementsysteme (F3) werden ad absurdum geführt.

- Echte Wissenstransformation wird garantiert.

- Überfrachtungen und damit Überforderungen der Mitarbeiter (F2) sowohl aus Sicht der Arbeitsaufgabe (F1) als auch aus Sicht der Benutzung der Werkzeuge (F3) sind nicht möglich.

- Demotivation der Mitarbeiter, die zur halbherzigen Nutzung bzw. zur Ablehnung des Wissensmanagements führt und damit dem Thema schadet, wird verhindert.

Empfehlung

Überprüfen Sie die im Unternehmen vorhandenen Wissensmanagementansätze anhand der 7 Schritte zum wissensbasierten Projektmanagement.

Nehmen Sie danach Veränderungen schrittweise vor, ehe die Todesspirale expliziter Wissensbestände oder die Fluktuation der Spezialisten dem Geschäftserfolg empfindlich schaden.

Wenden Sie konsequent das „Beach-Modell" als präventive Maßnahme vor der Auswahl und Implementierung von Wissensmanagementsystemen an.

Beispiele – Gelebtes Wissensmanagement bei der Realisierung von Projekten in der Praxis

1. Erstes Beispiel: sepp.med gmbh[1]

1.1 Vorstellung des Unternehmens

Sepp.med ist ein mittelständisches Unternehmen, das sich aus einer Softwarefirma zu einem Dienstleistungsunternehmen für Qualitätssicherung von Software in den Bereichen komplexer und sicherheitsrelevanter Anlagen und Systeme entwickelt hat. Vom eher regionalen Dienstleister, der eng mit den Siemens-Standorten in Erlangen und Forchheim zusammenarbeitet, expandiert sepp.med seit 2004 zum Unternehmen, das überregional und branchenweit, z. B. in der Pharma- und Automobilbranche, tätig ist. Eine positive Umsatz- und Gewinnentwicklung prägt das Unternehmen genauso wie gestiegene Mitarbeiterzahlen und eine starke Kundenorientierung. Da das Unternehmen Dienstleistung vor Ort beim Kunden anbietet, wird jeder Auftrag als Projekt behandelt und erfordert demzufolge eine Zusammenführung des Wissens der Mitarbeiter vor Ort, um wiederum das Wissen bei der Realisierung neuer Projekte zur Verfügung stellen zu können.

1.2 Realisiertes und realistisches Wissensmanagement

Das Unternehmen geht von einem Wissensportfolio aus, welches sich aus

- Mitarbeiterwissen,
- Projektwissen,

---

1 Mit freundlicher Unterstützung der Geschäftsführung der sepp.med gmbh in Röttenbach, www.seppmed.de

⬚ Verwaltungsdaten,

⬚ Kundendaten

zusammensetzt (Abbildung 21).

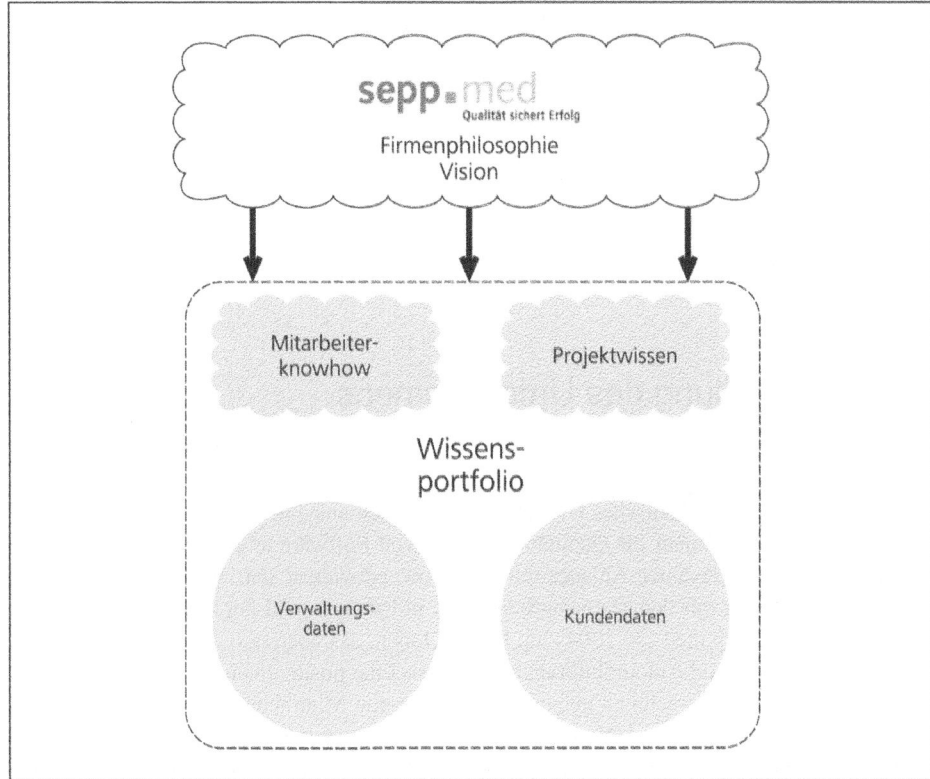

Abbildung 21: _Wissensportfolio in der sepp.med gmbh_

Das Mitarbeiterwissen ist klassifiziert nach

⬚ _Prozessnähe_
Hier werden die Mitarbeiter Prozessabschnitten innerhalb der Projektarbeit zugeordnet.

⬚ _Kompetenz_
Hier werden fachliche und soziale Kompetenz der Mitarbeiter eingeschätzt. Teamfähigkeit und Flexibilität gehören als Merkmale genauso dazu wie die Fähigkeit der Mitarbeiter zur Problemlösung, differenziert nach Fachgebieten.

⬚ _Inhalt_
Hier werden die Mitarbeiter durch ihr Expertenwissen, z. B. über Standards, Methoden, Werkzeuge, im Software-Engineering charakterisiert.

Diese Klassifizierung erleichtert die gezielte Auswahl der Mitarbeiter für das Projektteam vor Beginn des Projektes und bietet eine hervorragende Grundlage zur fachlichen Kommunikation über das Projektteam hinaus während der Projektdurchführung.

Das Projektwissen ist in Dokumenten zusammengefasst, die sowohl über den Inhalt als auch über die Vorgehensweise in den einzelnen Prozessabschnitten Auskunft geben. Review-Checklisten werden nach Abschluss der Projekte ausgefüllt und dienen vor Beginn eines Projektes ähnlichen Inhalts als Einstimmung auf das neue Projekt und als Grundlage für die Projektplanung und Risikoeinschätzung.

Das rasche Wachstum des Unternehmens erfordert notwendigerweise auch eine rasche Übergabe des bereits im Unternehmen vorhandenen expliziten und impliziten Wissens an neue Mitarbeiter, damit diese so schnell wie möglich voll einsetzbar sind.

Wie erfolgt der Wissenstransfer?

Er erfolgt durch

- projektübergreifenden Informationsaustausch der Mitarbeiter,

- Mentoren, die die neuen Mitarbeiter begleiten,

- elektronische Dokumente, die in übersichtlicher Struktur abrufbereit vorliegen,

- Nutzung des Internet ohne Beschränkung und ohne Angst,

- Zur Verfügung stellen von Tools, wie z. B. Mindmap, die den kreativen Ideenaustausch fördern.

Warum funktioniert Wissensmanagement bei sepp.med?

- Weil sich die Unternehmenskultur seit der Gründung des Unternehmens kontinuierlich zu einer Kultur der partnerschaftlichen Zusammenarbeit entwickelt hat. Flache Hierarchien mit Platz zur Kommunikation untereinander und mit der Geschäftsführung unterstützen den Prozess in Richtung Partnerschaft von Seiten der Unternehmensorganisation.

- Weil es ein visionäres Management mit klarer strategischer Ausrichtung und einer abgestimmten Unternehmensphilosophie gibt.

- Weil alle drei Instrumente – Vision, Strategie und Philosophie – veröffentlicht sind und von den Mitarbeiter verinnerlicht werden.

- Weil solche Leitsätze wie „Qualität sichert Erfolg", „Offenheit im Umgang miteinander", „Lernbereitschaft und Bereitschaft zur Weitergabe von Wissen" keine hohlen Phrasen sind, sondern gelebt werden.

1.3   Mitarbeiterbefragung

Was halten die Mitarbeiter im Unternehmen sepp.med vom Wissensmanagement und wie bewerten sie dessen Qualität?

Um diese Frage beantworten zu können, wurde im Oktober 2007 von der Studentin Isabell Hartmann im Rahmen einer Diplomarbeit [vgl. Hartmann 2007, S. 120ff.] eine Befragung einer signifikanten Menge von Mitarbeitern mit signifikanter Zusammensetzung durchgeführt, deren Auswertung nun vorliegt und an dieser Stelle veröffentlicht wird.[2]

Die folgenden vier Ziele wurden bei der Befragung zu grunde gelegt:

Erstens sollten die persönlichen Wissenstransferprozesse abgefragt und näher beleuchtet und die Zufriedenheit mit dem Wissensmanagement im Unternehmen herausgefunden werden.

Zweitens sollte ein Bild über den Grad der Bereitschaft zum Wissenstransfer in beide Richtungen (Aufnahme und Abgabe) als essenzielle Voraussetzung für die Praktizierung von Wissensmanagement gezeichnet werden.

Drittens sollte eine Beurteilung des Unterstützungsgrades der bisher eingesetzten Wissensmanagement-Werkzeuge erfolgen.

Viertens sollte das Nachdenken über Wissensmanagement im Unternehmen verbunden mit Verbesserungsvorschlägen sowohl inhaltlicher und methodischer als auch technischer Art aktiviert werden.

Informationen zum Fragebogen

▨ 34 Fragestellungen, untergliedert in die Komponenten Einführungsfragen, Fragen zum Prozess des Wissenstransfers, Fragen zur Dokumentation von Wissensinhalten sowie Fragen zum Einsatz von Wissensmanagement-Tools.

▨ Offene und geschlossene Fragestellungen. Die geschlossene Form findet Einsatz beim Abfragen von Fakten, ebenso zur Sicherstellung einer gemeinsamen Verständnisbasis. Die offene Variante wurde bewusst gewählt, um zum einen nähere Informationen zu bestimmten Prozessen respektive Vorgehensweisen in Erfahrung zu bringen. Zum anderen, um Meinungen, Einstellungen und Verhaltensweisen der befragten Personen zu erheben und überdies Änderungswünsche sowie Anforderungen zu erfragen.

▨ Das Zitat in Frage 9 hat die Funktion, die Thematik Wissenstransfer dem Befragten bewusst zu machen und diesen zu einer Auseinandersetzung damit und schließlich einer Stellungnahme zu bewegen.

▨ Nicht alle Fragestellungen besitzen Auswertungscharakter, einige dienen lediglich dem Heranführen an die Thematik, so beispielsweise die Fragen 20 und 27. Die Fragestellungen 2 und 17 haben daneben die Funktion, einen Verständnisabgleich zwischen Intervie-

---

[2] Mit freundlicher Unterstützung von Isabell Hartmann

wer und Befragtem herbeizuführen, um auf diese Weise potenzielle Missverständnisse auszuräumen. Die anschließenden Definitionen wirken hier unterstützend. Aufgrund ihrer geringen Relevanz werden diese Fragen nicht graphisch aufbereitet. Die Frage 1 ist nur im Zusammenhang mit der Fragestellung 6 von Bedeutung. Demgemäß werden die Antworten nicht explizit visualisiert.

▪ Entsprechend dem „Firmen-Du" im Unternehmen sepp.med gmbh ist der Fragebogen in der Du-Form erstellt worden.

Durchführung der Mitarbeiterbefragung

Angesichts einer Mitarbeiterzahl von 137 (Stand Mitte Juni 2007) der sepp.med gmbh wurde eine repräsentative Stichprobe von 45 Mitarbeitern bestimmt. Bei 41 Mitarbeitern wurde die Befragung mittels Interview durchgeführt. Vier Mitarbeitern wurde der Fragebogen zugeschickt. 43 von 45 Fragebögen wurden beantwortet. Das entspricht einer Rücklaufquote von 95,5 %.

1.3.1 Der Fragebogen

Fragebogen-Nr. _____

Einführungsfragen

(1) Welche letzten drei Funktionen hast du bei der sepp.med gmbh wahrgenommen?

1.
2.
3.

(2) Ist dir die Thematik „Wissensmanagement" bekannt?

Ja   ☐
Nein ☐

Definition:

Wissensmanagement beinhaltet die Kernaktivitäten Wissen identifizieren, Wissen entdecken und aufspüren, Wissen akquirieren, Wissen verteilen, Wissen organisieren sowie Wissen bewerten.

Bist du dir bewusst, dass du selbst Wissensmanagement betreibst?

Ja   ☐
Nein ☐

Fragen zum Prozess des Wissenstransfers

(4) **Wenn du eine Frage zu einer Problemstellung hast, die du nicht selbst lösen kannst, wie gehst Du vor?**

	Ja	Nein
Beliebigen Kollegen fragen, ob er weiterhelfen könnte	☐	☐
Beliebigen Kollegen fragen, ob er jemanden kennt, der weiterhelfen könnte	☐	☐
Bestimmten Kollegen fragen, von dem man weiß, dass er weiterhelfen kann	☐	☐
Email an alle@seppmed.de mit Schilderung der Problemstellung	☐	☐
Recherche in bestehenden Dokumentationen	☐	☐
Recherche im Internet	☐	☐
Literatur-Recherche	☐	☐

Sonstiges

(5) **Wie hoch ist deine Motivation, eigenes Wissen weiterzugeben?**

Sehr hoch	Hoch	Eher gering	Sehr gering	Keine	Keine Angabe
☐	☐	☐	☐	☐	☐

(6) **Wie oft wirst du um Hilfe gebeten?**

Sehr oft	Oft	Gelegentlich	Selten	Nie	Keine Angabe
☐	☐	☐	☐	☐	☐

(7) **Fühlst du dich in der Position des „Wissensgebenden" überfordert, beispielsweise in dem Sinne, dass des Öfteren die gleichen Fragestellungen an dich herangetragen werden?**

Ja, immer	☐	Ja, gelegentlich	☐
Nein	☐	Keine Angabe	☐

(8) **Wie hoch ist deine Motivation, „fremdes" Wissen aufzunehmen?**

Sehr hoch	Hoch	Eher gering	Sehr gering	Keine	Keine Angabe
☐	☐	☐	☐	☐	☐

(9) Welche Maßnahmen/Anreize könnten deiner Ansicht nach die Bereitschaft zum Wissenstransfer erhöhen?

(10) Bitte nimm zu dem folgenden Zitat kurz Stellung!

„Unterhaltungen am Getränkeautomat oder in der Kantine bieten eine gute Gelegenheit zum Wissenstransfer. […] Man erkundigt sich nach den derzeitigen Projekten des Geschäftspartners; man bringt sich gegenseitig auf Ideen; man bekommt Ratschläge, wie das eine oder andere Problem gelöst werden kann."

(Davenport/Prusak 1999, S. 184 f.)

(11) Erfolgt ein gesteuerter respektive bewusst initiierter Wissenstransfer beispielsweise während eines Projektmeetings?

Ja   ☐

In welcher Art und Weise?

Nein   ☐
Keine Angabe ☐

(12) Wie zufrieden bist du mit dem momentanen Prozess des Wissenstransfers?

☺	☺	☺	☹	☹	Keine Angabe
☐	☐	☐	☐	☐	☐

Bemerkungen (beispielsweise Wissenstransfer in einer bestimmten Situation)

(13) Wie schätzt du den Verbesserungsbedarf hinsichtlich des Wissenstransfers ein?

Sehr hoch   Hoch   Eher gering   Sehr gering   Keine   Keine Angabe
   ☐   ☐   ☐   ☐   ☐   ☐

(14) Welche Faktoren stören deiner Meinung nach einen optimalen Wissenstransfer?

   a.
   b.
   c.

(15) Wie könnte der Wissenstransfer deiner Ansicht nach verbessert werden? Vorschläge, Anregungen, …

(16) Wie erfolgt der Wissenstransfer bei der Einarbeitung beziehungsweise Integration neuer Projektteammitglieder?

(17) Ist dir der Unterschied zwischen implizitem und explizitem Wissen bekannt?

   Ja   ☐
   Nein   ☐
   Keine Angabe ☐

Definitionen

Explizites Wissen

Dokumentiertes Wissen, welches vom Wissensträger abgekoppelt, dem Wissenssuchenden zur Verfügung gestellt wird. Veraltet im Moment der Dokumentation und beweist seine Nützlichkeit erst im konkreten Anwendungsfall.

Implizites Wissen

An den Menschen gebundenes, unausgesprochenes Wissen, welches auf subjektiver Wahrnehmung, persönlichen Lernprozessen und Erfahrungen beruht.

▪ **Sind dir die folgenden Methoden zur Vermittlung impliziten Wissens bekannt?**
(Hier geht es nicht darum, ob sie dir generell bekannt sind!)

	Ja	Nein
Metapher	☐	☐
Analogie	☐	☐
Story Telling	☐	☐
Beobachtung	☐	☐
Nachahmung/Praktische Erfahrung	☐	☐

▪ **Nutzt du bestimmte Methoden zur Artikulation impliziten Wissens?**

Ja   ☐

Folgende:

```


```

Nein   ☐
Keine Angabe ☐

Fragen zur Dokumentation von Wissensinhalten

▪ **Wird bis dato Wissen dokumentiert?**

Ja   ☐
Nein   ☐
Keine Angabe ☐

▪ **Was wird derzeit wie oft dokumentiert?**

	Permanent	Gelegentlich	Bei Abschluss	Nein	k. A.
Fachwissen	☐	☐	☐	☐	☐
Prozessdokumentation	☐	☐	☐	☐	☐
Projektdokumentation	☐	☐	☐	☐	☐
Erfahrungsberichte (positive + negative Erfahrungen)	☐	☐	☐	☐	☐
Problemstellungen und deren Lösungen	☐	☐	☐	☐	☐
Verbesserungsvorschläge	☐	☐	☐	☐	☐
Sonstiges	☐	☐	☐	☐	☐

▨ **Gibt es Dokumentationen, an denen mehrere Personen beteiligt sind?**

Ja   ☐
Nein   ☐
Ist mir nicht bekannt   ☐

▨ **Wenn ja, wie funktioniert dabei das Zusammenspiel der Beteiligten?**

```

```

▨ **Weißt du, wie du nach Dokumentationen suchen kannst?**

Ja   ☐
Nein   ☐
Keine Angabe ☐

▨ **Ist der Zugriff auf Dokumentationen geregelt?**

Ja   ☐
Nein   ☐
Ist mir nicht bekannt   ☐

▨ **Stehen dir Dokumentationen, die du benötigst, zur Verfügung?**

Ja   ☐
Nein   ☐
Ist mir nicht bekannt   ☐

▨ **Was sollte deiner Meinung nach zusätzlich dokumentiert und zur Verfügung gestellt werden?**

```

```

Fragen zum Einsatz technologischer Werkzeuge

▨ **Sind dir technologische Werkzeuge zur Unterstützung des Wissensmanagements (im Speziellen des Wissenstransfers) bekannt?**

Ja ☐
Nein ☐
Keine Angabe ☐

▨ **Wie bewertest du die folgenden Werkzeuge im Hinblick auf ihren Nutzen für die sepp.med gmbh?**

	Sehr sinnvoll	Sinnvoll	Weniger sinnvoll	Keine Angabe
(Diskussions-)Forum – online	☐	☐	☐	☐
Wer weiß was? Expertenverzeichnis – online	☐	☐	☐	☐
Wissenslandkarte – Wo steckt das Wissen bei sepp.med?	☐	☐	☐	☐
Fähigkeits- und Interessenprofil, von den Mitarbeitern selbst gepflegt	☐	☐	☐	☐
Dokumentation von Wissen – online, allen Mitarbeitern von sepp.med verfügbar	☐	☐	☐	☐
Projektdokumentation – Wer war in was involviert und kann weiterhelfen?	☐	☐	☐	☐
Schlagwortverzeichnis – Verweis auf Wissensträger, Dokumentationen, Beiträge etc.	☐	☐	☐	☐

Bemerkungen etc.

```



```

▨ **Nutzt du ein solches Werkzeug beziehungsweise eine Kombination solcher?**

Ja ☐
Nein ☐   Aus welchem Grund nicht?
Keine Angabe ☐

■ **Wie hoch ist deine Bereitschaft, an der inhaltlichen Gestaltung und Aktualisierung der Werkzeuge mitzuwirken – das heißt beispielsweise Beiträge einzustellen, zu kommentieren, zu aktualisieren etc.?**

Sehr hoch	Hoch	Eher gering	Sehr gering	Keine	Keine Angabe
☐	☐	☐	☐	☐	☐

■ **Worin siehst du mögliche Probleme bei der Nutzung technologischer Werkzeuge?**

■ **Welche Vorgehensweise bevorzugst du in den folgenden Situationen?**

	Ausschließlich individuell				Ausschließlich dokumentiert	
Einstieg in ein bestimmtes Thema	☐	☐	☐	☐	☐	☐
Überblick über ein bestimmtes Thema	☐	☐	☐	☐	☐	☐
Konkrete Problemstellung	☐	☐	☐	☐	☐	☐

■ **Welche Wissenstransferprozesse vollziehen sich Deiner Meinung nach auf dem persönlichen Wege effizienter als mittels technologischer Werkzeuge?**

■ **Wie sollte ein den Wissenstransfer unterstützendes Werkzeug aufgebaut sein, damit du es nutzen würdest? Welche technologischen sowie inhaltlichen Anforderungen muss es erfüllen?**

1.3.2 Ergebnisse der Mitarbeiterbefragung

Einführungsfragen

Frage 2
Ist dir die Thematik „Wissensmanagement" bekannt?

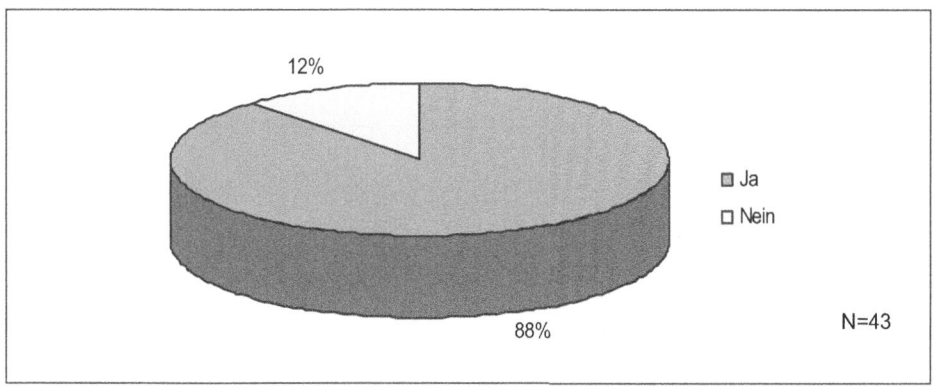

Abbildung 22: Auswertung Frage 2

88 % (38) der befragten Mitarbeiter ist die Thematik „Wissensmanagement" bekannt.

Frage 3
Bist du dir bewusst, dass du selbst Wissensmanagement betreibst?

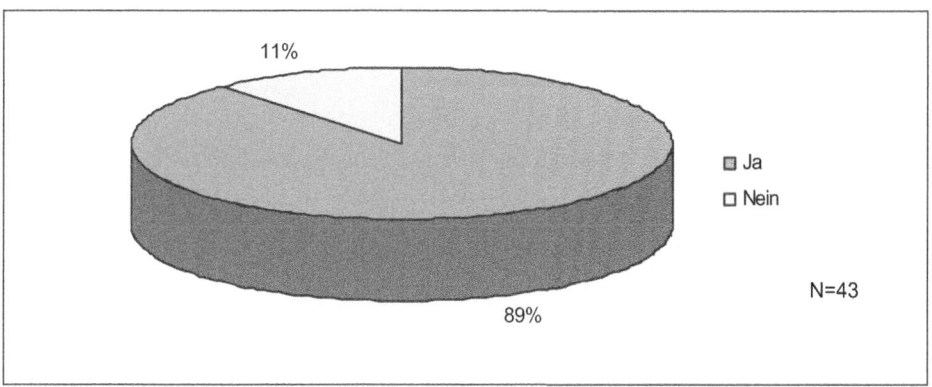

Abbildung 23: Auswertung Frage 3

89 % (39) sind sich bewusst, dass sie selbst Wissensmanagement praktizieren. Diese 39 Mitarbeiter implizieren nicht unbedingt die Personen, welche die vorhergehende Frage bejaht haben; partiell ist den Befragten zwar die Thematik bekannt, es ist ihnen allerdings nicht bewusst, dass sie ihr Wissen managen. Die umgekehrte Variante ist ebenso der Fall.

Fragen zum Prozess des Wissenstransfers

Frage 4
Wenn du eine Frage zu einer Problemstellung hast, die du nicht selbst lösen kannst, wie gehst du vor?

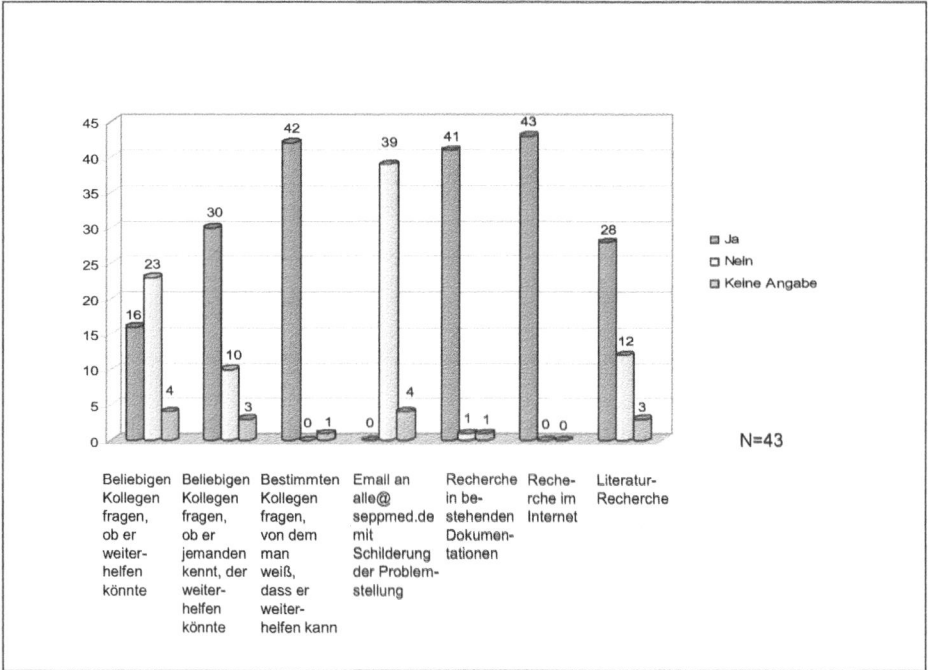

Abbildung 24: Auswertung Frage 4

Im Zusammenhang mit dem Kontaktieren eines Ansprechpartners wird von den Befragungsteilnehmern betont, dass primär derjenige gefragt wird, von dem man weiß, dass er weiterhelfen kann respektive von dem man annimmt, dass er aushelfen könnte. Voraussetzung hierfür ist das Kennen einer Kontaktperson und das Wissen über die Existenz. Alternativ folgen die Varianten „Beliebigen Kollegen fragen, ob er jemanden kennt, der weiterhelfen könnte" sowie „Beliebigen Kollegen fragen, ob er weiterhelfen könnte".

Neben der Recherche im Internet werden außerdem bestehende Dokumentationen herangezogen. Sofern die entsprechende Literatur vorliegt, wird sich auch dieser bedient. Die aufgeführten Recherche-Varianten werden von einem Mitarbeiter mehr, von anderen weniger bevorzugt. Die Literatur-Recherche wird beispielsweise nach Aussage eines Befragten lediglich dann gewählt, wenn er weiß, dass er zu der betreffenden Problemstellung auch tatsächlich etwas findet. Aufgrund der sehr spezifischen Tätigkeit ist das Zurückgreifen auf Literatur im Einzelfall gar nicht erst möglich.

Über die geschilderten Vorgehensweisen hinaus werden die folgenden Möglichkeiten bevorzugt: Recherche im teaminternen Forum/Wiki, Recherche innerhalb einer teaminternen Wissensdatenbank sowie Konsultieren des Vorgesetzten.

Frage 5
Wie hoch ist deine Motivation, eigenes Wissen weiterzugeben?

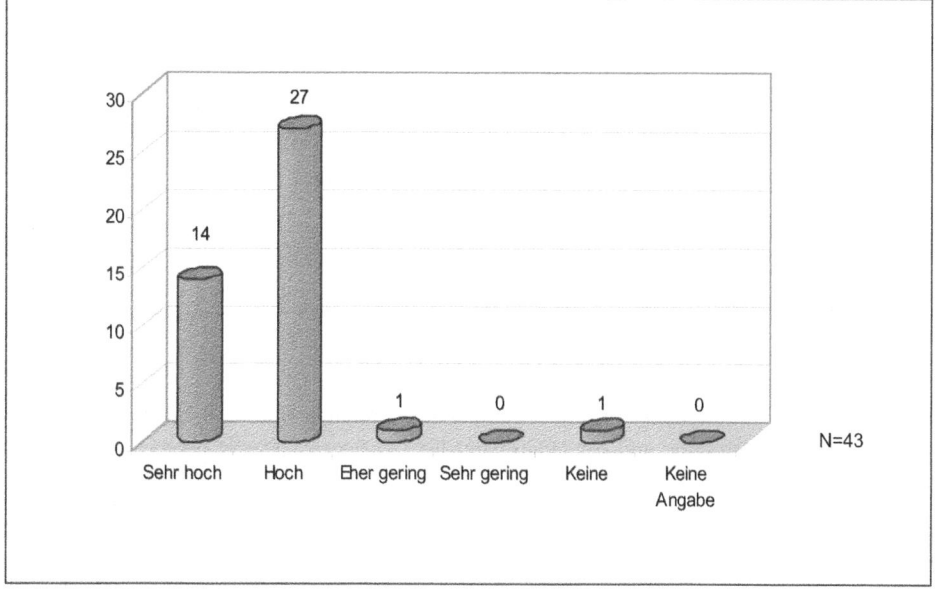

Abbildung 25: Auswertung Frage 5

Die Motivation, eigenes Wissen weiterzugeben, wird von 95 % (41) der interviewten Personen als hoch bis sehr hoch eingestuft.

Ein Mitarbeiter bewertet seine Motivation als eher gering. Der betreffende Mitarbeiter managt Wissen relativ vorsichtig. Aus Angst und Scham, unter Umständen Wissensinhalte inkorrekt zu vermitteln, verhält er sich diesbezüglich reserviert („lieber weniger als etwas Falsches erzählen!"). Eine Person zeigt keinerlei Motivation zur Weitergabe eigenen Wissens.

Frage 6
Wie oft wirst du um Hilfe gebeten?

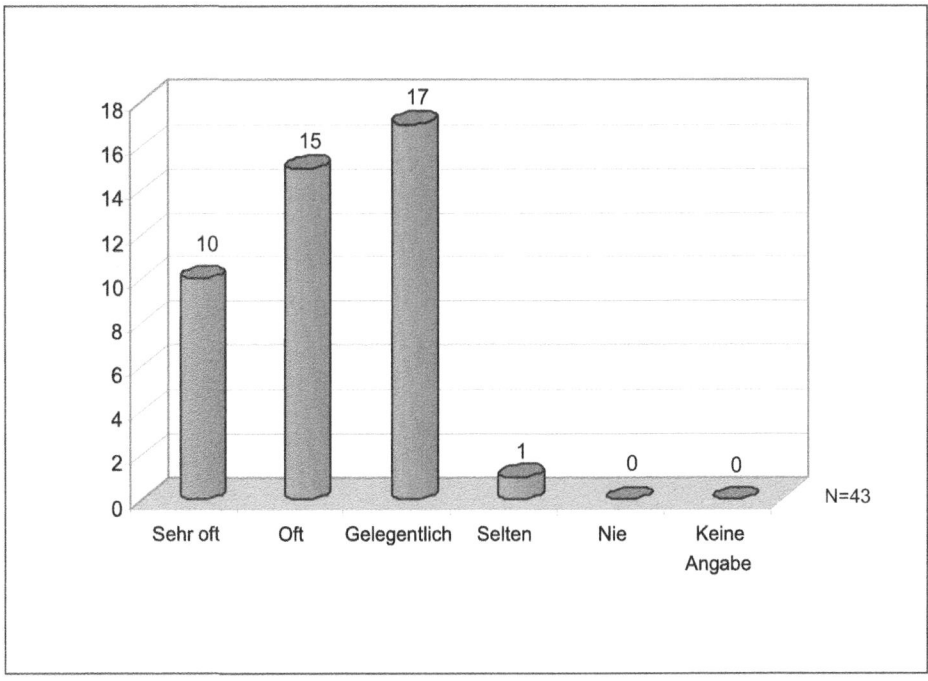

***Abbildung 26:** Auswertung Frage 6*

Intention dieser Fragestellung war die Eruierung eines möglichen Zusammenhangs zwischen der Position des Befragten und der Häufigkeit der „Anfragen". Dieser konnte jedoch nicht festgestellt werden.

Frage 7
Fühlst du dich in der Position des „Wissensgebenden" überfordert, beispielsweise in dem Sinne, dass des Öfteren die gleichen Fragestellungen an dich herangetragen werden?

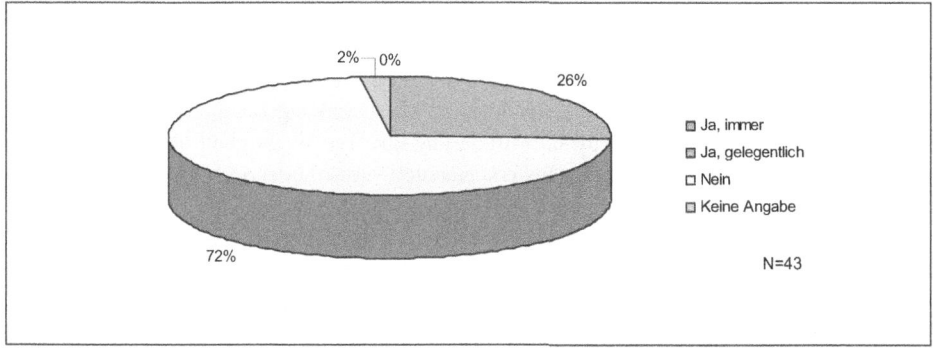

Abbildung 27: Auswertung Frage 7

26 % (11) der Befragungsteilnehmer fühlen sich gelegentlich als Wissensgebende überfordert. Eine wesentliche Rolle spielt hierbei der Faktor Zeit, der in der Regel bedingt ist durch die eigentliche Tätigkeit des Einzelnen.

Frage 8
Wie hoch ist deine Motivation, „fremdes" Wissen aufzunehmen?

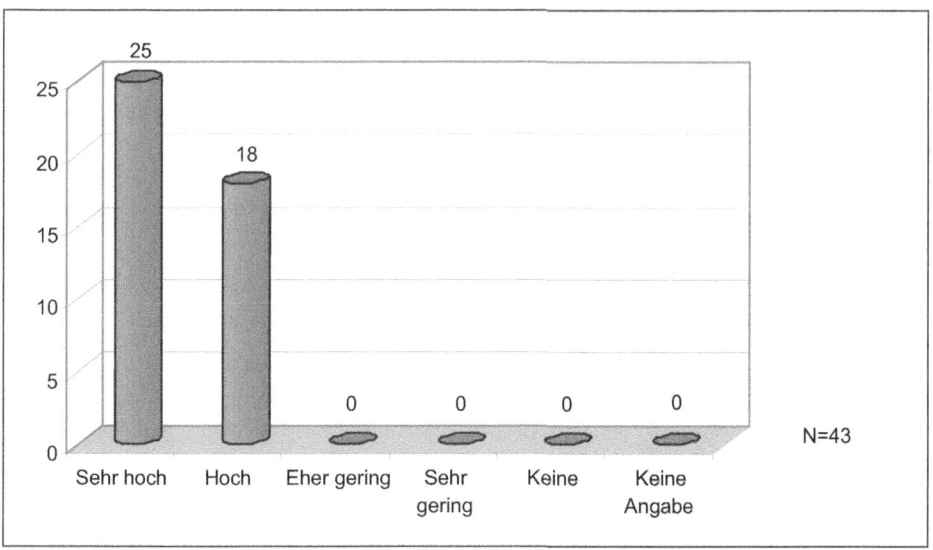

Abbildung 28: Auswertung Frage 8

Die Aufnahme von Wissen wird von den interviewten Mitarbeitern als unerlässlich erachtet – dementsprechend ist ihre Motivation hoch bis sehr hoch. Innerhalb dieser Einstufungen kann die Motivation variieren, abhängig vom jeweiligen Bedarf sowie der Masse an transferiertem Wissen.

Frage 9
Welche Maßnahmen/Anreize könnten deiner Ansicht nach die Bereitschaft zum Wissenstransfer erhöhen?

Als entscheidende beziehungsweise grundlegende Voraussetzung für die Erhöhung der Bereitschaft zum Wissenstransfer wird die Aufklärung über die Wichtigkeit des Wissensmanagements, im Speziellen des Wissenstransfers, erachtet – sowohl der sepp.med-weite Transfer als auch der Austausch auf Teamebene. Als sinnvoll erscheint hier eine klare Zielsetzung, welche sich beispielsweise in einem entsprechenden (Unternehmens-)Leitbild widerspiegelt. Überdies wird eine Verankerung des Wissenstransfers als explizite Aufgabe in der Stellenbeschreibung vorgeschlagen. Den Mitarbeitern muss vermittelt werden, dass alle, sowohl der Einzelne als auch das Unternehmen als Ganzes, vom Wissenstransfer profitieren: „Wir kommen weiter, wenn ich Wissen weitergebe." Wissensweitergabe impliziert weder den Verlust von Macht, noch macht sich der Einzelne dadurch ersetzbar. In Ergänzung dazu werden kommunikationsfördernde sowie teambildende Maßnahmen als essenziell befunden.

Betont werden sollte nach Ansicht der Befragten hierbei auch besonders der Aspekt der Gegenseitigkeit. Wissenstransfer bedeutet Geben und Nehmen. Wissensweitergabe erfolgt häufig mit dem Gedanken im Kopf, selbst einmal Wissen anderer *in Anspruch zu nehmen*. Wenn man darauf vertrauen kann, dass auch der Gegenüber gerne bereit ist, sein Wissen zu teilen – folglich ein bestimmtes Gleichgewicht von weitergegebenem und angenommenem Wissen besteht, steigt die eigene Motivation zur Preisgabe von Wissen. Damit verbunden wird die Erhöhung der Reputation durch Zitieren respektive namentliche Nennung von Mitarbeitern als motivationsfördernd genannt. Gleichermaßen wirkungsvoll ist die Wertschätzung von Seiten der Kollegen und Vorgesetzten. Ein simples „Dankeschön", die Honorierung der Wissensweitergabe, verstärken diesen Effekt. Wichtig in den Augen der Mitarbeiter erscheint in diesem Kontext ein Feedback hinsichtlich des stattgefundenen Wissenstransfers; das bedeutet eine Bestätigung, dass durch diesen (den Wissenstransfer) ein optimiertes Ergebnis erzielt werden konnte.

Des Weiteren erfordert der Wissenstransfer praktikable Strukturen. Er sollte demnach weder „unangenehm" noch aufhaltend sein. Eine leichte Realisierbarkeit ist unerlässlich.

Nicht alle Mitarbeiter sind in der Lage, ihr Wissen zu artikulieren und zu vermitteln; sie haben aufgrund dessen häufig Hemmungen, ihr Wissen preiszugeben. Schulungen über Methoden des Wissenstransfers können in diesem Fall Abhilfe leisten. Auch regelmäßige Informationen sowie Workshops, welche die Thematik Wissenstransfer beleuchten, werden als sinnvoll erachtet. Der Anstoß von „außen", das heißt jemand geht auf einen zu – „du kennst dich doch auf dem Gebiet XY gut aus, ..." unterstützt ebenso das Überwinden der inneren Hemmschwelle.

Die Zeit stellt einen weiteren einflussnehmenden Faktor dar. Besteht nach Ansicht der Befragungsteilnehmer kein Zeitdruck, ist die Bereitschaft zum Wissenstransfer jederzeit gegeben.

Der Einsatz technologischer Tools könnte gemäß einigen Personen die Bereitschaft zum Wissenstransfer erhöhen. Häufig genannt wird diesbezüglich ein webbasiertes (zentrales) Forum, welches den Austausch aller Mitarbeiter der sepp.med gmbh erlaubt; des Weiteren die Implementierung einer Wissensdatenbank zur Bündelung des Wissens oder das Einrichten eines Wikis. Technologische Werkzeuge zeigen allerdings nur Wirkung, sofern sie einfach strukturiert und leicht zu bedienen sind und darüber hinaus verbreitet Anwendung finden.

Geld als förderliches Instrument wird von den befragten Mitarbeitern als weniger sinnvoll beurteilt. Ebenso verhält es sich mit Belohnungssystemen; als problematisch erweisen sich in diesem Zusammenhang die Messung und die Bewertung des Wissenstransfers.

Einige interviewte Mitarbeiter betrachten Anreize nicht als erforderlich. Die Bereitschaft zum Wissenstransfer ist (bereits) durch die intrinsische Motivation zur Weiterentwicklung existent. „Der Bedarf ist die treibende Kraft!"

Frage 10
Bitte nimm zu dem folgenden Zitat kurz Stellung!

„Unterhaltungen am Getränkeautomat oder in der Kantine bieten eine gute Gelegenheit zum Wissenstransfer. […] Man erkundigt sich nach den derzeitigen Projekten des Geschäftspartners; man bringt sich gegenseitig auf Ideen; man bekommt Ratschläge, wie das eine oder andere Problem gelöst werden kann."

Ca. 75 % stimmen der Aussage zu. Derartige Situationen am Kaffeeautomaten, in der Raucherpause, in der Kantine oder auch am Kopierer zeichnen sich nach Meinung der Befragten durch eine lockere, entspannte und ungezwungene, vom Arbeitsplatz losgelöste Atmosphäre aus, die einen idealen Rahmen für einen spontanen Wissenstransfer bietet. In diesem informellen Umfeld finden zufällige Treffen von Mitarbeitern unterschiedlicher Abteilungen statt. Man kommt ins Gespräch, spricht eventuell aktuelle Problemstellungen an und bekommt im besten Fall einen Anstoß zur Problemlösung. Zum Teil werden Lösungen zu Problemen gefunden, die als unlösbar abgehakt wurden. Im Gegensatz zur isolierten Arbeit am Computer ist hier die Möglichkeit zum Austausch sowie Generieren neuer Ideen gegeben. Vereinzelt wird ein derartiges Umfeld bewusst gewählt, um bestimmte Themen anzusprechen.

Ähnlich verläuft es beim Management by Walking Around – man wird mit Fragen konfrontiert, die so wahrscheinlich nicht gestellt worden wären, häufig auch Themen, die nicht formalisiert sind oder die soziale Ebene betreffen.

Einige Befragte erachten einen Treffpunkt zur Kommunikation zwischen der eigentlichen Arbeit als sinnvoll, betonen jedoch, dass an genannten Orten lediglich die Basis für den Wissenstransfer geschaffen werden kann. Durch die informelle Kommunikation eröffnen sich neue Wissensquellen. Man erfährt etwas über den Kontext, in dem sich der Einzelne derzeit bewegt, und bringt in Erfahrung, wer sich auf diesem oder jenem Gebiet besonders gut auskennt. Wer weiß was? Wen kann ich im Bedarfsfall ansprechen? Vor allem die Kontaktaufnahme mit Mitarbeitern anderer Abteilungen, mit denen man gewöhnlich nicht in Berührung kommt, wird dadurch ermöglicht. Es bietet sich folglich eine gute Gelegenheit, Netzwerke aufzubauen.

Kritisch wird angemerkt, dass zufällige Treffen am Kaffeeautomaten – oder wo auch sonst –, in der Regel einen unstrukturierten Charakter aufweisen. Das Wissen ist nicht aufbereitet, lediglich kurze und oberflächliche Informationen werden kommuniziert. Der Wissenstransfer im Rahmen einer Besprechung wird teilweise dem informellen Weg vorgezogen.

Frage 11
Erfolgt ein gesteuerter respektive bewusst initiierter Wissenstransfer beispielsweise während eines Projektmeetings?

Ein gesteuerter Wissenstransfer vollzieht sich nach Angaben der befragten Mitarbeiter im Rahmen des (Projekt-)Teammeetings beziehungsweise Jour fixe, im Einzelfall auch in projektübergreifenden Jour fixe. Hierbei zeichnen sich in den verschiedenen Teams vergleichbare Vorgehensweisen ab.

Der Austausch über den gegenwärtigen Projektstatus – womit beschäftigt sich der Einzelne zurzeit – ist elementar und zielt auf das Herbeiführen eines einheitlichen (Projekt-)Wissensstandes aller Beteiligten ab. Eventuell auftretende Problemstellungen werden fokussiert, die Diskussion potenzieller Lösungen inbegriffen. Überdies erfolgt in diesem Zusammenhang oftmals ein Erfahrungsaustausch. Wie wurden ähnliche Probleme in vergangenen Projekten gehandelt? Ist das jeweilige Projekt abgeschlossen, werden die Ergebnisse in einem Projektreview präsentiert und im Anschluss die Lösungsansätze erörtert. Auch in diesem Fall wird ein Vergleich mit Erfahrungen aus früheren Projekten initiiert. Neben projektspezifischen Themen erfolgt zudem eine Auseinandersetzung mit aktuellen Inhalten, zum Beispiel die Entwicklung betreffend, schließlich auch die Ansprache organisatorischer Angelegenheiten.

Auch auf Ebene der Verwaltung findet eine wöchentliche Sekretariats-/Verwaltungsbesprechung statt, die u. a. den Austausch über die derzeitige Tätigkeit zum Gegenstand hat.

Das Prinzip „Präsentieren – Diskutieren – Austausch" spiegelt sich in diversen Methoden des Wissenstransfers, die bei der sepp.med gmbh Anwendung finden, wider. Auf Projektteamebene beispielsweise wird über vereinbarte Themen referiert. Die PIA-Schulungen laufen nach einem ähnlichen Muster ab. Gegenstand dieser Veranstaltung ist der freiwillige Vortrag über ein frei zu wählendes Thema. Die Teilnahme steht allen Mitarbeitern offen, sie ist nicht obligatorisch. Ferner besteht die Option, Präsentationen zu aktuellen Diplomarbeiten zu besuchen.

Neben dem Wissenstransfer in Form von Referaten und Schulungen bieten des Weiteren Workshops ein ideales Umfeld zum Thematisieren von Problem-/Fragestellungen, schließlich zum Wissens- und Erfahrungsaustausch. Zum Einsatz kommen Kreativitätstechniken: Bewusst unvollständig belassene Themenstellungen regen zum Weiterdenken an und unterstützen die Auseinandersetzung mit der betreffenden Materie.

Frage 12
Wie zufrieden bist du mit dem momentanen Prozess des Wissenstransfers?

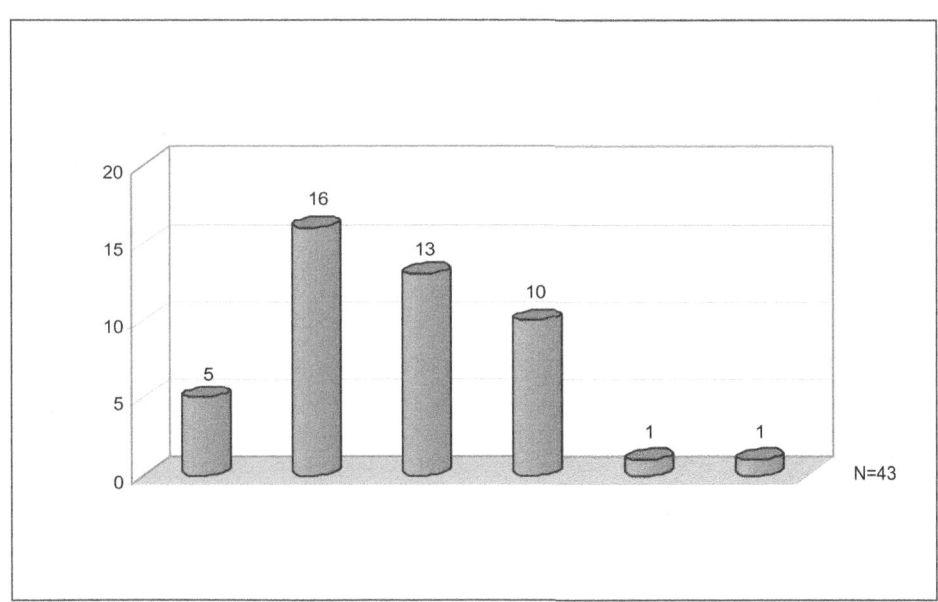

Abbildung 29: *Auswertung Frage 12*

Das obige Diagramm visualisiert die Zufriedenheit der befragten Personen im Hinblick auf den gegenwärtigen Wissenstransfer. In Anbetracht dessen, dass die Fragestellung sowohl in Bezug auf das nähere Umfeld des Einzelnen (sprich Projektteam) als auch über dieses hinaus, das heißt projektübergreifend sowie sepp.med-weit, beantwortet werden kann, übertrifft die Summe der Nennungen die Anzahl der interviewten Mitarbeiter. Demzufolge ist die graphische Darstellung alleine nicht aussagekräftig, sondern bedarf näherer Ausführungen.

Das Projektteam betreffend wird überwiegend hohe Zufriedenheit geäußert. Der teaminterne Wissenstransfer wird als gut bis sehr gut evaluiert. Man kennt in der Regel die Mitarbeiter im Team und weiß folglich, wer womit beschäftigt ist und auf welchem Gebiet als Experte ansprechbar ist. Auch Projektteams, die extern beim Kunden eingesetzt sind, beurteilen den Wissenstransfer positiv („man bekommt alles, was man braucht"). In wenigen Fällen allerdings wird die Übermittlung von Wissen innerhalb des Teams bemängelt. So werden beispielsweise Fehler wiederholt, die eigentlich bekannt sein müssten, jedoch nicht allen Beteiligten kommuniziert werden.

Der Wissenstransfer über das Projektteam hinaus wird weniger zufriedenstellend bewertet. Maßgeblich hierfür ist die Separation der verschiedenen Teams; wenig Kontakt zu den Kollegen in Röttenbach, fehlende Information über die Tätigkeiten dieser, beides wird kritisiert. Gleichwohl wird angemerkt, dass aus Zeitgründen teilweise die Inanspruchnahme von Wissen vor Ort (das bedeutet beim Kunden) bevorzugt wird, anstatt Wissen vom Unternehmen abzurufen. Der projektübergreifende Wissenstransfer, insbesondere mit den Mitarbeitern in Röttenbach, ereignet sich nach Ansicht eines Befragten eher zufällig und spontan. Im einzelnen Fall wird ein projektübergreifender Wissenstransfer aufgrund der Tätigkeit als nicht erforderlich beziehungsweise zwecklos erachtet.

Der Wissenstransfer innerhalb eines Geschäftsbereichs verläuft laut Aussage eines befragten Mitarbeiters dank der engen Zusammenarbeit gut.

Grundsätzlich wird die Kommunikation im Unternehmen positiv bewertet. Der Informationsfluss funktioniert gut. Trotzdem besteht stellenweise Verbesserungsbedarf. Generell mangelt es an einem formalisierten Wissenstransferprozess. Es sind zwar bereits Instrumente vorhanden, diese werden jedoch nicht entsprechend eingesetzt. So wird zum Beispiel die PIA-Veranstaltung als sinnvolles Instrument empfunden, aber leider nicht gepflegt.

Kritisch betrachtet wird darüber hinaus eine „Kultur", welche geprägt ist durch das Prinzip der Holschuld. Wissenstransfer erfolgt verstärkt auf Basis der Eigeninitiative und Selbstverantwortung des Wissenssuchenden. Dieser muss sich in der Regel das Wissen selbst organisieren und darf nicht erwarten, dass es aufbereitet vorliegt. Generell sind die Mitarbeiter bereit zur Weitergabe von Wissen – allerdings meist erst auf Anfrage.

Frage 13
Wie schätzt du den Verbesserungsbedarf hinsichtlich des Wissenstransfers ein?

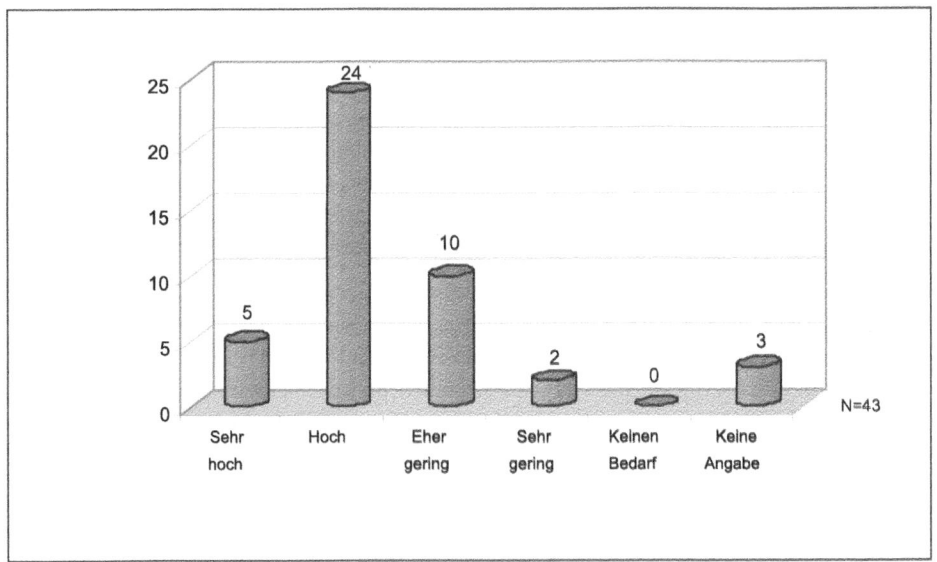

Abbildung 30: *Auswertung Frage 13*

Analog Frage 12 kann ein Optimierungsbedarf sowohl auf Projektteamebene, zwischen den Teams als auch unternehmensweit bestimmt werden (ebenso gilt in diesem Fall: Anzahl der Nennungen > Anzahl befragter Personen). Demzufolge erfordert auch diese Grafik nähere Erläuterungen.

Entsprechend der geäußerten Zufriedenheit bzw. Unzufriedenheit gemäß den Ergebnissen der vorangegangenen Frage wird der Verbesserungsbedarf eingestuft. Projektintern besteht eher geringer bis kein Verbesserungsbedarf. Sepp.med-weit betrachtet wird der Verbesserungsbedarf als hoch bis sehr hoch bewertet. Die Ursachen hierfür werden im Rahmen der nachfolgenden Fragestellungen (14 + 15) geschildert.

Frage 14
Welche Faktoren stören deiner Meinung nach einen optimalen Wissenstransfer?

- Die Thematik Wissensmanagement/Wissenstransfer ist noch nicht in jedem Kopf.

- Fehlender Prozess. Der Prozess des Wissenstransfers ist derzeit weder strukturiert noch formalisiert. Ebenso fehlt es an einer geeigneten Infrastruktur. Es wird bemängelt, diverse Informationen lediglich beiläufig zu erfahren.

- Räumliche Trennung. Die Mitarbeiter der sepp.med gmbh sind an verschiedenen Standorten eingesetzt. Die Folge ist, dass man einen Teil seiner Kollegen nicht kennt, des Weiteren Unwissenheit über die Tätigkeiten der anderen Projektteams besteht, projektübergreifende Meetings fehlen.

- Kommunikationsschwierigkeiten bzw. mangelnde Kommunikation erschweren den Wissenstransfer.

- Fehleinschätzung Sender/Empfänger. Durch eine falsche Erwartungshaltung sowohl im Hinblick auf die Wissensbasis des Gegenübers als auch hinsichtlich des Wissenstransfers entstehen Diskrepanzen bei der Wissensvermittlung.

- Mangelnde Beteiligung/Information. Wissenstransfer lebt von dem aktiven Mitwirken aller. Es gibt jedoch auch Mitarbeiter, die aus Angst, abkömmlich zu werden, oder aus machtpolitischen Gründen ihr Wissen horten.

- Hierarchiedenken sowie Machtspiele.

- Problem der Bring- bzw. Holschuld.

- Wer weiß was? Die befragten Mitarbeiter wissen oftmals nicht, wen sie im Bedarfsfall ansprechen können. Es ist nicht allen bekannt, wo sich die Wissensquellen im Unternehmen befinden.

- Problem der Erreichbarkeit. Ist der gesuchte Wissensträger erreichbar? Wie kann man ihn erreichen?

- Dokumentation und Verwaltung von Wissensinhalten.

▦ Zeit. Der Faktor Zeit hat einen erheblichen Einfluss auf den Wissenstransfer. Infolge der Auslastung durch die Projektarbeit mangelt es des Öfteren an Zeit, einerseits zur persönlichen Vermittlung von Wissen („wenn nur wenig Zeit vorhanden ist, dann fällt die Antwort auf eine Frage entsprechend kürzer aus"), andererseits zur Dokumentation von Wissensinhalten. Auch die Nutzung, Pflege und Aktualisierung von Werkzeugen, wie etwa ein Wiki, sind mit einem gewissen Zeitaufwand verbunden.

▦ Unsicherheit. Auf der einen Seite haben manche Mitarbeiter Schwierigkeiten, ihr Wissen zu vermitteln; sie wissen nicht, wie sie es artikulieren und transferieren sollen. Auf der anderen Seite verhalten sich einige Personen distanziert, aus Angst und Scham, Wissenslücken zu offenbaren.

Frage 15
Wie könnte der Wissenstransfer deiner Ansicht nach verbessert werden?

Die Basis des Wissenstransfers bildet die Kommunikation aller Beteiligten. Demzufolge wird eine Förderung der Kommunikation und des Austausches, zum einen innerhalb eines Projektteams, zum anderen projektübergreifend, als essenziell befunden. Von Seiten der befragten Mitarbeiter werden folgende Anregungen geäußert:

▦ Organisation regelmäßiger teamübergreifender Meetings, bei welchen die Teilnehmer idealerweise gemischt werden. Der Blick über den Tellerrand erweitert den Horizont des Einzelnen und schafft Verständnis für die Tätigkeiten anderer Projektteams. Dem Problem der verschiedenen Einsatzorte wird somit ein Stück weit entgegengetreten. Die Begegnung mit erfahrenen Kollegen wird gleichermaßen als bereichernd für die persönliche Weiterentwicklung empfunden.

▦ Entwicklung einer Unternehmenskultur des gegenseitigen Respekts, der Sensibilität und Wertschätzung, der Toleranz gegenüber Fehlern sowie offenbarter Wissenslücken („man kommt sich nicht blöd vor, eine Frage zu stellen"). Wissensmanagement, insbesondere Wissenstransfer muss als integraler Bestandteil der Unternehmenskultur vermittelt und aktiv gelebt werden. Nur so können mögliche Ängste der Mitarbeiter, beispielsweise die Angst vor Ersetzbarkeit, abgebaut werden.

▦ Eine Formalisierung des Wissenstransfer-Prozesses wird als notwendig erachtet; Einführungsveranstaltungen diesbezüglich erweisen sich als förderlich.

▦ Der Wissenstransfer sollte zweigleisig verlaufen. Neben der persönlichen Seite, der direkten Kommunikation und dem Austausch, sind unterstützende Werkzeuge sinnvoll. Die befragten Personen wünschen sich eine zentrale Plattform, die sämtliche Wissensquellen integriert. Angebracht erscheint ein Portal, das sich durch eine klare und übersichtliche Strukturierung der Inhalte auszeichnet. Das Tool sollte ein unkompliziertes Bereitstellen und Editieren von Wissensinhalten sicherstellen und mittels geeigneter Suchfunktion ein zeitnahes Auffinden relevanter Ergebnisse garantieren. Im Idealfall bietet es eine Vermittlungsfunktion zwischen Wissenssuchenden und Wissensanbieter. Ergänzend hierzu werden unter der letzten Fragestellung (34) weitere Kriterien technischer sowie inhaltlicher Art aufgeführt.

▨ Wichtig erscheint eine Übersicht über die Wissensquellen im Unternehmen. Wo befinden sich benötigte Dokumente? Wer weiß was? Wer hat auf welchem Gebiet Erfahrung? Wie erreicht man die Wissensquellen? Von Seiten der interviewten Personen besteht hierbei Interesse an einer Erweiterung der bereits existierenden Anwesenheitsliste; nähere Informationen über den einzelnen Mitarbeiter (im Hinblick auf seine derzeitige Tätigkeit, ebenso bezüglich seiner bisherigen Beschäftigungen) sind erwünscht.

▨ Die Dokumentation beispielsweise von Projektergebnissen, Meetings oder Ähnlichem wird als verbesserungswürdig beurteilt. Regelmäßige Reviews zur Überprüfung der Aktualität und Richtigkeit von Dokumentationen sind nach Ansicht der Befragungsteilnehmer unabdingbar. Ebenso ist eine durchgängige Nachvollziehbarkeit nützlich. Diese wird sichergestellt durch kontinuierliches Protokollieren. Wer hat wann was gemacht? Wen kann man im gegebenen Fall fragen?

Der Wissenstransfer verläuft nach Aussage der Befragten dann effizient, wenn Wissen zum einen nach Bedarf übertragen wird und zum anderen sich der Empfänger selbst mit dem Wissen befasst. Bei der unmittelbaren Nutzung (inklusive der Auseinandersetzung) vermittelter Wissensinhalte ist die Einprägung dieser intensiver, als wenn eine gewisse Zeitspanne bis zur Anwendung verstreicht.

Frage 16
Wie erfolgt der Wissenstransfer bei der Einarbeitung beziehungsweise Integration neuer Projektteammitglieder?

▨ Der Wissenstransfer bei der Einführung neuer Mitarbeiter ins Unternehmen beginnt mit der Aushändigung der Begrüßungsmappe. Diese beinhaltet sepp.med-weite Informationen zu Arbeitszeiterfassung, Casino, Betriebsrat und Betriebsvereinbarungen u. a. und führt entsprechende Ansprechpartner auf.

▨ Rundgang am Standort Röttenbach, bei welchem die neuen Mitarbeiter den Kollegen vor Ort vorgestellt werden. Einige der interviewten Personen nutzen diese Gelegenheit, um nähere Informationen über das neue Unternehmensmitglied in Erfahrung zu bringen. Problematisch angemerkt wird hierbei, dass sepp.med-Mitarbeiter, die beim Kunden beschäftigt sind, davon ausgeschlossen sind und den neuen Mitarbeiter erst in der darauf folgenden Betriebsversammlung real „erleben". Eine zusätzliche E-Mail an alle@seppmed.de, inklusive Foto und Informationen über den neuen Mitarbeiter („kommt von…, Erfahrungen in…, arbeitet zukünftig…"), könnte diese Probleme zumindest teilweise beheben.

▨ In losen Intervallen werden Einführungsveranstaltungen für neue Mitarbeiter organisiert. Gegenstand ist auf der einen Seite die Vorstellung durch die Neuen, auf der anderen Seite eine Präsentation des Unternehmens sowie der Geschäftsbereiche durch die Geschäftsleitung.

▨ Außerdem werden sepp.med-interne Schulungen durchgeführt, exemplarisch die Certified Tester Schulung, welche die Kommunikation auf fachlicher Ebene fördert und erleichtert. Für Mitarbeiter, die bei Siemens eingesetzt sind, werden zudem Siemens-interne Lehrgänge angeboten.

Die Einarbeitung und Integration neuer Kollegen in die einzelnen Projektteams erfolgt nach Aussagen der Befragten unterschiedlich – es gibt keine sepp.med-weiten einheitlichen Vorgaben zur Einarbeitung; vereinzelt sind jedoch diverse Parallelen in der Vorgehensweise erkennbar. Neue Projektteammitglieder stellen sich in der Regel in (offiziellen) Meetings, etwa im Rahmen eines Jour fixe, vor. In einigen Teams ist es darüber hinaus üblich, dass der neue Mitarbeiter nach ca. zwei bis drei Monaten über seine Tätigkeit referiert. Die Integration in das Team sowie das nähere, gegenseitige Kennenlernen vollziehen sich laut befragter Personen tendenziell in einem informellen Rahmen; beiläufig, beim gemeinsamen Mittagessen, Kickern oder bei Gesprächen am Kaffeeautomaten. Der zwischenmenschliche Aspekt bestimmt dabei die „Tiefe der Integration": Inwieweit lässt sich das neue Mitglied integrieren?

Die (fachliche) Einführung in die Tätigkeit ereignet sich in den verschiedenen Teams nach ähnlichen Mustern. Der neue Kollege wird sukzessive in Themen und Verantwortlichkeiten eingearbeitet. Dabei wird ihm grundsätzlich ein Ansprechpartner respektive Betreuer zur Seite gestellt. Wird dieser nicht explizit bestimmt, stehen die Teamkollegen für Fragen zur Verfügung. Partiell wird zusätzlich von Kundenseite diese Funktion übernommen. Die Einarbeitung setzt sich häufig – zu gleichen Teilen – aus der selbstständigen Bearbeitung bereitgestellter Dokumentationen, Manuals und Informationen einerseits sowie der mündlichen und persönlichen Einführung andererseits zusammen. Die theoretischen und praktischen Elemente wechseln sich dabei in der Regel ab. Diverse Unterlagen zu Prozessen, projektspezifischen Themen sowie der Zugriff auf teaminterne Wikis dienen dem Einlesen und bieten einen Überblick über die Projektarbeit: Was ist Projektgegenstand? Wer ist beteiligt? Wer ist wofür zuständig?. Nach der eigenständigen Bearbeitung dieser Unterlagen werden diese gemeinsam besprochen und eventuell aufkommende Fragestellungen geklärt. Teilweise erstreckt sich der Einführungsprozess über einen längeren Zeitraum (bis zu sechs Monate). Je nachdem, was der Einzelne an Wissen mitbringt, wird die Einarbeitung partiell zügiger abgehandelt – der berüchtigte Wurf ins kalte Wasser, der „Direkteinstieg" in das Projekt, teilweise wird der neue Mitarbeiter zunächst mittels Spielprojekten mit der Projektumgebung vertraut gemacht.

Der Grad der erwünschten respektive erwarteten Eigeninitiative bei der Einarbeitung variiert von Team zu Team. Auf der einen Seite wird nach dem Prinzip der Rückkoppelung gearbeitet und durch den Betreuer Rückmeldung eingeholt (*Bringschuld*). Auf der anderen Seite wird Eigeninitiative seitens des neuen Mitarbeiters vorausgesetzt, das heißt selbstständiges Erarbeiten, Ausprobieren und insbesondere Fragen, Fragen, Fragen (*Holschuld*) werden von dem Einzelnen erwartet.

Im Prinzip orientieren sich die Teams weitestgehend an einer bestimmten Vorgehensweise bei der Einarbeitung und Integration neuer Mitarbeiter. In einigen Fällen existieren teaminterne Checklisten zur Einarbeitung. Lediglich vereinzelt wird ein fehlender strukturierter Einarbeitungsprozess bemängelt. Negativ wird in diesem Zusammenhang angemerkt, dass die Einführung in das Tätigkeitsgebiet unkoordiniert und planlos erfolgt und nicht eindeutig vermittelt wird, wie welche Prozesse ablaufen.

Allen Vorgehensweisen sind die Methoden Learning by doing sowie Training on the job gemeinsam. Des Weiteren wird das Ziel verfolgt, eventuelle Wissenslücken zu eruieren und letzten Endes zu schließen: Was bringt der neue Mitarbeiter bereits an Fähigkeiten und Wissen mit? Wo besteht noch Bedarf? Dies erfordert auch eine Reflexion von Seiten des Einzelnen: „Welche Fähigkeiten, welches Wissen sind für die Projektarbeit erforderlich? Was von dem, was ich weiß und kann, ist für das Unternehmen relevant und wertvoll?" Ein solcher Abgleich ist erforderlich, um den Wissenstransfer nicht mit falschen Erwartungen ablaufen zu lassen.

Die Gruppe der befragten Personen ist mit der bisherigen Art und Weise des Wissenstransfers bei der Einarbeitung und Integration zufrieden.

Frage 18
Sind dir die folgenden Methoden zur Vermittlung impliziten Wissens bekannt?

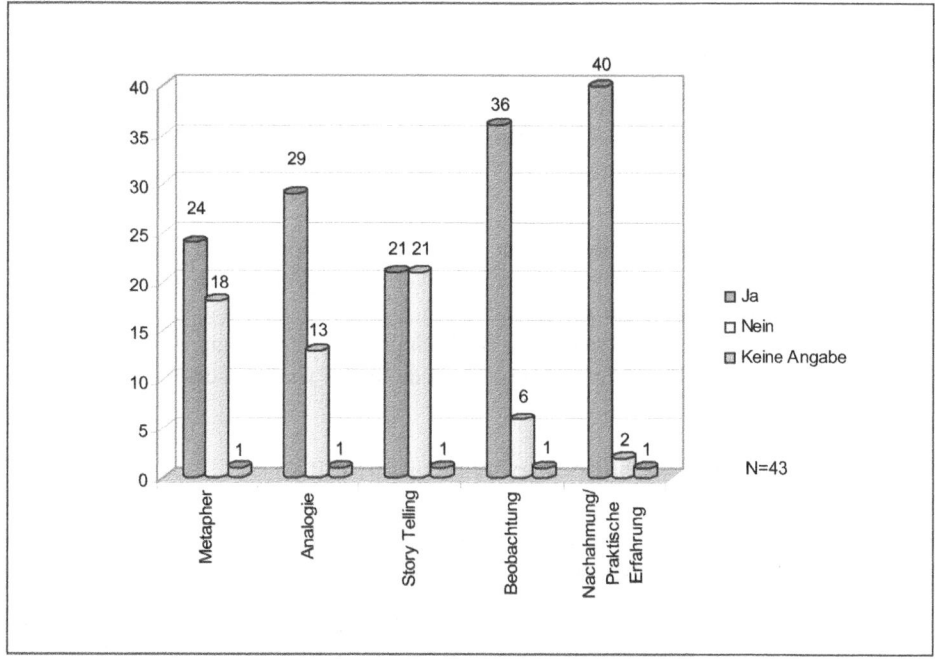

Abbildung 31: Auswertung Frage 18

Frage 19
Nutzt du bestimmte Methoden zur Artikulation impliziten Wissens?

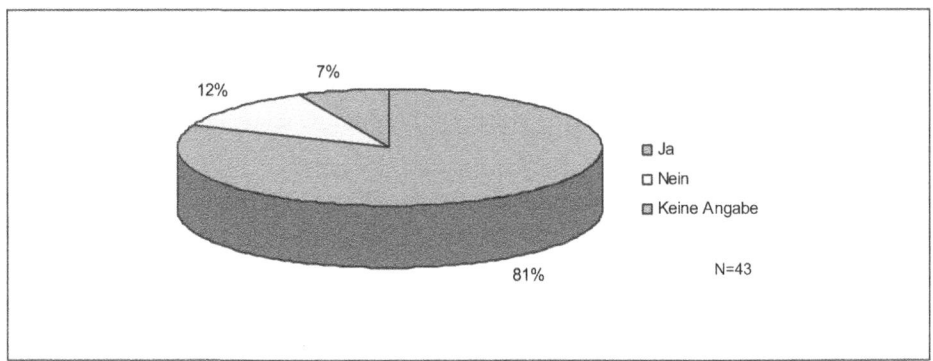

Abbildung 32: Auswertung Frage 19

Die Problematik dieser Fragestellung besteht in dem fehlenden *Bewusstsein*, dass die Vermittlung impliziten Wissens unter der Zuhilfenahme bestimmter Methoden geschieht. Letztere werden oftmals unbewusst genutzt. Der Befragte muss sich folglich erst deren Gebrauch vor Augen führen.

35 Personen (81 %) wenden Techniken zur Vermittlung impliziten Wissens an. Es werden weitgehend alle aufgeführten Methoden genutzt. Vorrangig Nachahmung sowie praktische Erfahrung – dies verdeutlicht ein weiteres Mal den Erfolg des „Über-die-Schulter-Schauen" sowie Learning by doing, damit verbunden Beobachtung, ferner Analogie, Story Telling und Metapher. Je nach Bedarf respektive Kontext findet diese oder jene Methode Einsatz.

Fragen zur Dokumentation von Wissensinhalten

Frage 21
Was wird derzeit wie oft dokumentiert?

Die Visualisierung dieser Ergebnisse erlaubt unterschiedliche Interpretationsmöglichkeiten. Aufgrund dessen, dass einige Inhalte sowohl permanent oder gelegentlich als auch bei Abschluss aufgezeichnet werden, übersteigt auch hier die Summe der Nennungen die Anzahl der befragten Personen.

Generell ist festzustellen, dass die dargestellten Themen respektive Sachverhalte offenbar nicht gleichermaßen dokumentiert werden. In den einzelnen Teams wird das schriftliche Festhalten aufgeführter Inhalte unterschiedlich gehandhabt. Erfahrungen, ebenso Verbesserungsvorschläge, werden beispielsweise vereinzelt nur mündlich besprochen, im anderen Fall dagegen dokumentiert. Dies kann wiederum auf verschiedene Gründe zurückgeführt werden. Nahe liegend erscheint die Annahme, dass es an sepp.med-weit geltenden, klaren und einheitlichen Vorgaben im Hinblick auf Dokumentationen fehlt, zum einen bezüglich der Inhalte, zum anderen hinsichtlich der Regelmäßigkeit beziehungsweise Häufigkeit. Sollten derartige Regelungen sepp.med-weit oder auf Projektebene existieren, sind offensichtlich nicht alle Mitarbeiter darüber informiert.

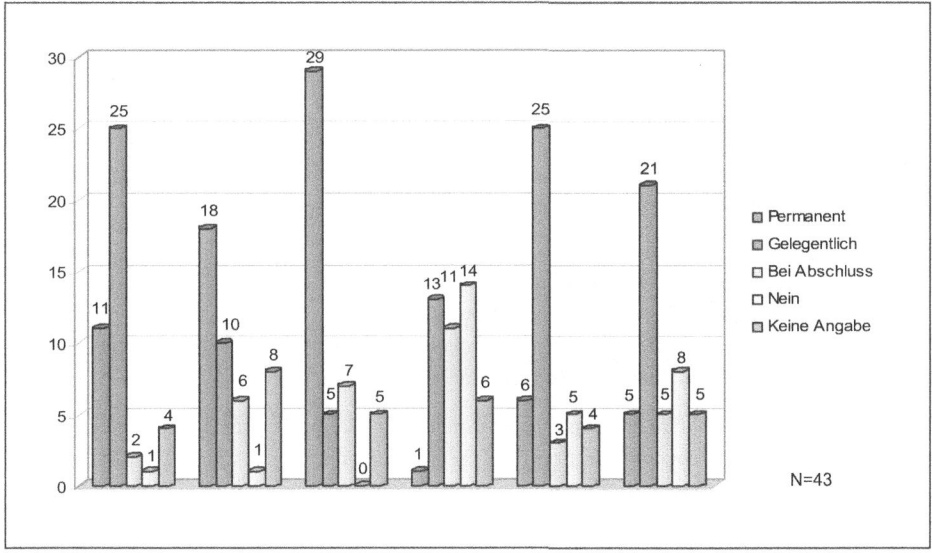

Abbildung 33: *Auswertung Frage 21*

Frage 22
Gibt es Dokumentationen, an denen mehrere Personen beteiligt sind?

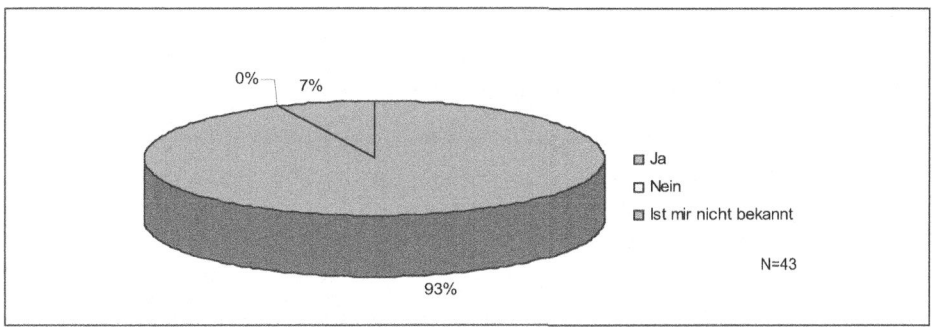

Abbildung 34: *Auswertung Frage 22*

Wenn ja, wie funktioniert dabei das Zusammenspiel der Beteiligten?

Die verschiedenen Vorgehensweisen des gemeinsamen Generierens von Dokumentationen im Unternehmen sepp.med gmbh werden nachstehend dargestellt:

▨ Gemeinsames Formulieren von Dokumenten: Welche Inhalte sind erforderlich? Was ist weniger wichtig? Worauf kann verzichtet werden?, Korrekturlesen inklusive.

▨ Jeder Mitarbeiter übernimmt die Dokumentation eines Parts. Im Anschluss an das Korrekturlesen werden die einzelnen Teile in einem gemeinsamen Review zusammengefügt.

▨ Eine Person erstellt eine Dokumentation. Diese wird einem Kollegen zum Gegenlesen und gegebenenfalls Ergänzen weitergeleitet. Vergleichbar dazu das Procedere hinsichtlich der Protokollierung von Reviews, Meetings etc.

▨ Neuen Projektmitgliedern werden diverse Unterlagen zur Verfügung gestellt. Der neue Mitarbeiter beschäftigt sich mit den Dokumenten aus einer anderen Sicht; er nimmt Probleme wahr, die ein erfahrener Mitarbeiter eventuell nicht erkennen würde. Die Dokumentation wird durch den Neuen weiterentwickelt (Änderungen sowie Ergänzungen). Abschließend wird die Aktualisierung Korrektur gelesen.

Unterstützt wird der Dokumentationsprozess durch das Dokumentenmanagementsystem CAS teamWorks. Das Werkzeug stellt sicher, dass zu einem Zeitpunkt stets nur eine Person einen Beitrag bearbeiten kann. Archivierungsmechanismen sorgen für eine Speicherung früherer Versionen.

Weitere Tools, die im Unternehmen zum Einsatz kommen, sind ClearCase, Doors, Wikis sowie Wissensdatenbanken. Auch bei den beiden zuletzt genannten funktioniert das Einstellen von Wissensinhalten nach der Vorgehensweise „Erstellen → Review → Weiterentwickeln → Review →…". Der Unterschied zu den vorangegangen Formen der gemeinsamen Dokumentation besteht darin, dass diese Varianten auf Spontaneität und Freiwilligkeit basieren und nur auf Projektteamebene Einsatz finden.

Frage 23
Weißt du, wie du nach Dokumentationen suchen kannst?

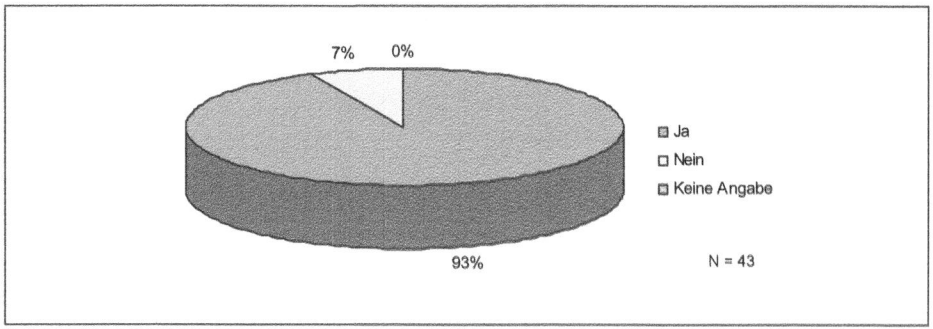

Abbildung 35: *Auswertung Frage 23*

Frage 24
Ist der Zugriff auf Dokumentationen geregelt?

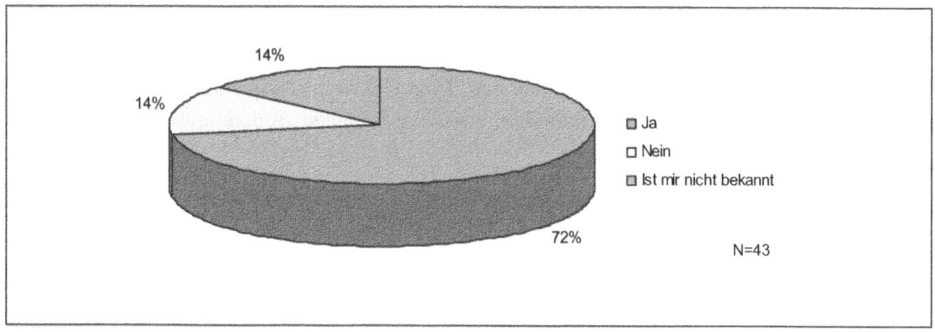

Abbildung 36: Auswertung Frage 24

Frage 25
Stehen dir Dokumentationen, die du benötigst, zur Verfügung?

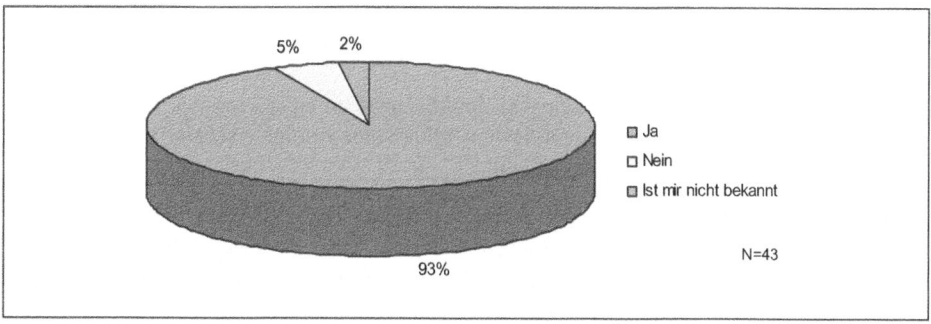

Abbildung 37: Auswertung Frage 25

Zu den Fragen 23/24/25

Annähernd alle interviewten Personen wissen, wie sie in ihrem Umfeld nach Dokumentationen suchen können. Diese stehen ihnen auch größtenteils zur Verfügung. Sollte dies nicht der Fall sein, wird der Zugriff beantragt.

Für Mitarbeiter, die nicht in Röttenbach beschäftigt sind, gestaltet sich die Situation dagegen schwieriger. Problematisch erweist sich nach Aussagen der betreffenden Personen sowohl die sepp.med-interne Recherche nach Unterlagen als auch der Zugriff auf diese. Im Gegensatz dazu wird das Auffinden und Zugreifen auf benötigte Dokumente innerhalb von Siemens als unkompliziert beurteilt.

Frage 26
Was sollte deiner Meinung nach zusätzlich dokumentiert und zur Verfügung ge-
stellt werden?

Für notwendig befunden werden

▪ Meta-Informationen über Dokumentationen. Eine Übersicht darüber, welche Dokumentationen vorliegen, wo sich diese befinden, inklusive Angaben zu dem jeweiligen Verfasser,
verkürzt den Suchprozess.

▪ Ebenso sinnvoll und wichtig wird eine Auflistung der im Unternehmen vorhandenen Literatur (Bücher sowie Zeitschriften des einzelnen Mitarbeiters inbegriffen) mit entsprechendem Wegweiser erachtet.

▪ Das permanente Protokollieren von Besprechungen, ebenso das Aufsetzen von Besuchsbe-
richten – realisierbar in Form eines Erfahrungsberichtes/einer Bewertung – sowie die
Schilderung von best practices sind erwünscht. Spezifische, diffizile Fragestellungen, die
längerfristig interessant und von Bedeutung sind, sind gleichermaßen dokumentations-
würdig.

▪ Darüber hinaus sollten nach Aussagen der Befragten mehr Background-Wissen, im Speziellen medizinisches Wissen, ferner Seminarkritiken, Seminarunterlagen und Mitschrif-
ten, alte Prüfungen und Tipps zu letzteren zur Verfügung gestellt werden.

▪ Generell sollte die Option gegeben sein, Interessantes an einer zentralen Stelle zu dokumentieren. Den Antworten der interviewten Mitarbeiter zufolge erscheint hier ein Forum
für allgemeine Themenstellungen sinnvoll.

Partiell wird die Qualität bestehender Dokumentationen kritisiert. Dokumente sind häufig
unvollständig und nur halbherzig geschrieben. Gefordert wird eine übersichtliche und saubere
Dokumentation, im Idealfall in einer einheitlichen Form; ferner das zeitnahe Zur-Verfügung-
Stellen von Aktualisierungen. Betont wird in diesem Zusammenhang die Nachvollziehbarkeit
von Änderungen, welche durch eine kontinuierliche Protokollierung der Autoren gewährleis-
tet wird und die direkte Kontaktaufnahme mit diesen erlaubt.

Fragen zum Einsatz technologischer Werkzeuge

Frage 28
Wie bewertest du die folgenden Werkzeuge im Hinblick auf ihren Nutzen für die sepp.med gmbh?

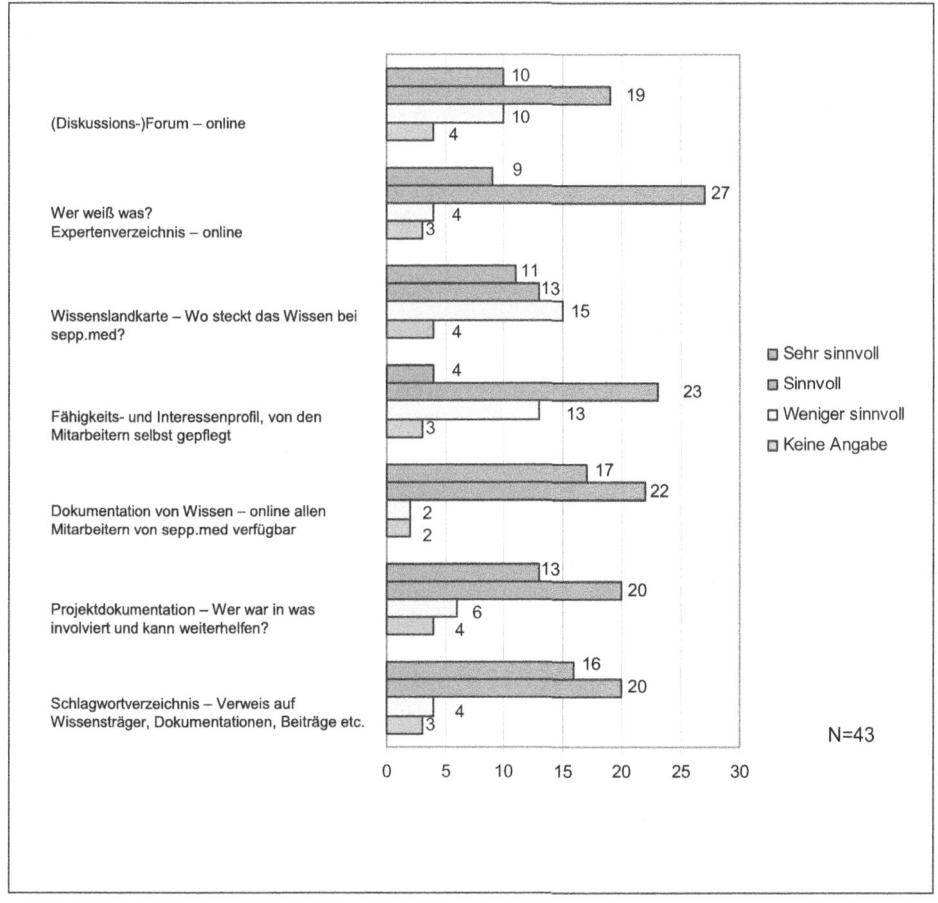

Abbildung 38: *Auswertung Frage 28*

Ein Diskussionsforum wird von ca. 67 % (29) der befragten Mitarbeiter als sinnvoll bis sehr sinnvoll erachtet. Dabei sind eine unternehmensweite Nutzung und eine themenspezifische Strukturierung des Forums unabdingbar. Etwa 25 % der Befragten beurteilen dagegen ein Forum als weniger sinnvoll. Unsicherheit und Bedenken werden insbesondere im Hinblick auf eine mangelnde Nutzung geäußert. Wer weiß was?/Expertenverzeichnisse werden mit großem Abstand als sehr sinnvoll und sinnvoll bewertet.

Die Visualisierung von Wissensquellen der sepp.med gmbh in Form einer Wissenslandkarte wird einerseits als nützlich und sinnvoll bewertet, andererseits wird auch hier die Schwierigkeit der Umsetzung hervorgehoben.

Überwiegend sinnvoll wird das Fähigkeits- und Interessenprofil bewertet. Dieses ist speziell im Rahmen der Identifikation von Mitarbeitern für bestimmte Positionen vorteilhaft. Eine permanente Pflege ist jedoch auch hier unbedingte Voraussetzung. Besonders die Gefahr veralteter Angaben aufgrund mangelnder Pflege („der eine macht es, der andere nicht") wird als kritisch beurteilt.

Der Online-Zugriff auf Wissensinhalte wird zu 90 % als sinnvoll bis sehr sinnvoll eingestuft. Unerlässlich erscheinen hier eine gute Gliederung der Inhalte und Beiträge und die Möglichkeit der Filterung.

Die Dokumentation von Projekten (wer war in was involviert und kann weiterhelfen?) wird von annähernd 77 % der Befragungsteilnehmer als sinnvoll bis sehr sinnvoll evaluiert.

Frage 29
Nutzt du ein solches Werkzeug beziehungsweise eine Kombination solcher?

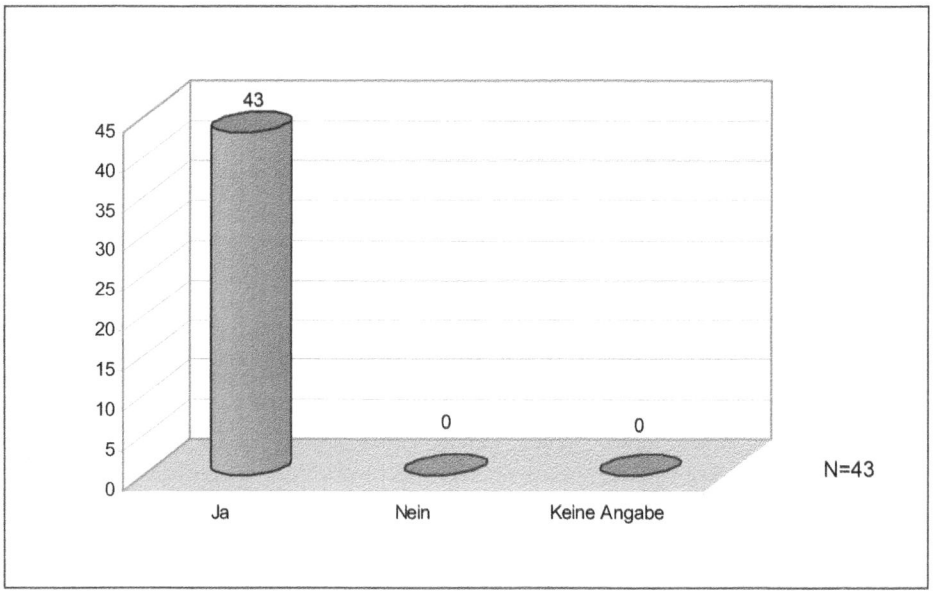

Abbildung 39: *Auswertung Frage 29*

Alle befragten Personen würden ein Werkzeug nutzen, gesetzt den Fall, dass es benutzerfreundlich und integrierbar ist.

Frage 30
Wie hoch ist deine Bereitschaft, an der inhaltlichen Gestaltung und Aktualisierung der Werkzeuge mitzuwirken – das heißt beispielsweise Beiträge einzustellen, zu kommentieren, zu aktualisieren etc.?

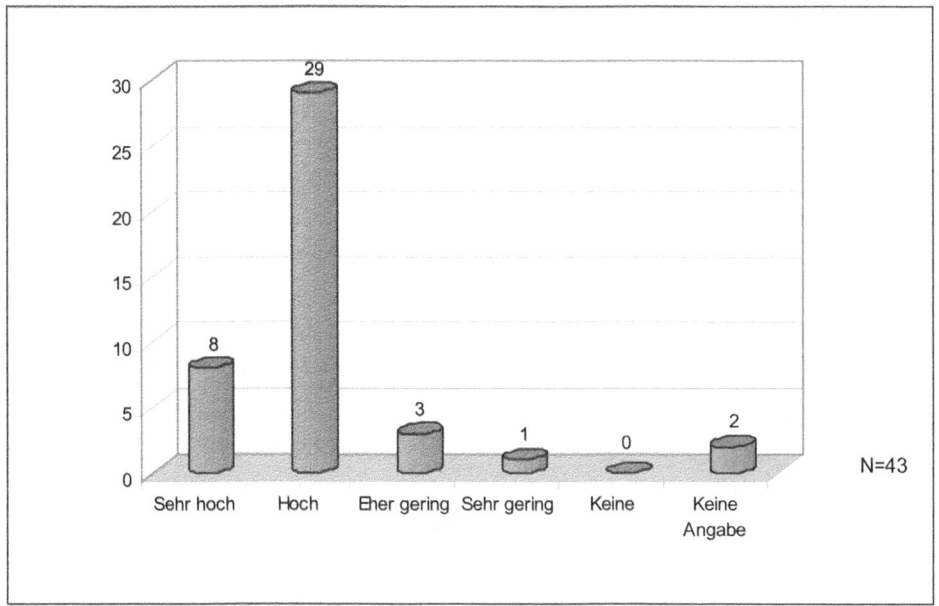

Abbildung 40: *Auswertung Frage 30*

86 % (37) zeigen eine hohe bis sehr hohe Bereitschaft zur aktiven Beteiligung. Zu beachten sind auch in diesem Fall einige Faktoren, welche sich auf die Bereitschaft auswirken. In der Hauptsache wird von den interviewten Mitarbeitern die Zeit als Einflussgröße genannt.

Frage 31
Worin siehst du mögliche Probleme bei der Nutzung technologischer Werkzeuge?

Der befragte Personenkreis sieht unterschiedliche Probleme bei der Nutzung technologischer Werkzeuge:

▨ Insbesondere die interviewten Mitarbeiter, welche nicht am Standort Röttenbach tätig sind, zeigen Unsicherheit hinsichtlich des Zugriffes auf firmeninterne Daten von extern. Speziell gegenüber Sicherheitsaspekten werden Bedenken geäußert: Wie wird mit relevanten und kritischen Informationen umgegangen?

▨ Viele technologischen Werkzeuge, z. B. ein Forum oder ein Wiki, leben von einer annähernd flächendeckenden Nutzung. Nur die Nutzung zeigt Notwendigkeiten der Qualitätsverbesserung.

■ Im Falle beispielsweise einer Wissensdatenbank besteht das Risiko des Aufblähens. Sämtliche Wissensinhalte und Dokumente werden abgelegt, ungeachtet dessen, ob sie de facto für die Geschäftstätigkeit relevant sind. Fehlerbehaftete und redundante, aber auch veraltete Informationen sind die Folge.

■ Fehlende Akzeptanz von Seiten der definierten Benutzergruppe stellt ein erhebliches Problem dar. Negativ auf die Akzeptanz wirkt sich eine suboptimale Benutzerfreundlichkeit des Werkzeugs aus. Generell sollte ein solches Instrument Arbeitsabläufe unterstützen und nicht behindern. Mangelt es an einer intuitiven Nutzung – das Erfassen von Wissensinhalten gestaltet sich kompliziert und zeitaufwändig, das Suchen erweist sich als langwierig und liefert nicht das gewünschte Ergebnis, ist das Vertrauen in das Werkzeug schnell verloren.

■ Technisch schlechte Unterstützung führt zu mangelnder Flexibilität, Performance, langen Ladezeiten, komplizierter Anmeldung usw.

■ Eine unzureichende, im schlechtesten Fall ausbleibende Schulung zum Umgang mit einem erklärungsbedürftigen Werkzeug wirkt sich ebenso bremsend auf dessen Gebrauch aus.

■ Ebenso wird darauf hingewiesen, dass üblicherweise diejenigen Personen sinnvolle Beiträge beisteuern, die ohnehin gefragt sind und daher wenig Zeit haben.

Ein Risiko besteht nach Aussagen einiger Befragten in der Toolabhängigkeit. Wenn der Wissenstransfer ausschließlich über Technologien abgewickelt wird, wird die persönliche Kommunikation vernachlässigt, die Mitarbeiter verlieren im schlimmsten Fall den Draht zueinander. Kritisch wird die Gewöhnung an derartige Tools betrachtet: „Ist Wissensmanagement ohne Tools möglich?" Wenn Wissen nicht in dem technologischen Instrument integriert ist, existiert es dann überhaupt an irgendeinem Ort im Unternehmen? Vereinzelt wird eine Ablenkung durch ein solches Tool befürchtet.

Frage 32
Welche Vorgehensweise bevorzugst du in den folgenden Situationen?

Die Präferenzen der Befragungsteilnehmer in den definierten Situationen sind unterschiedlich ausgeprägt. Die Entscheidung zwischen dem individuellen Einholen von Informationen und dem Nachlesen in Dokumentationen ist einerseits abhängig von der Qualität der vorhandenen Unterlagen, auf der anderen Seite bedingt durch das Wissen über einen Ansprechpartner sowie dessen tatsächliche Verfügbarkeit.

Um sich beispielsweise einen Überblick zu verschaffen, wird vereinzelt ausschließlich die Recherche in Dokumenten bevorzugt, eine entsprechende Qualität vorausgesetzt. Falls diese nicht gegeben ist, wird der persönliche Weg gewählt.

Auf der anderen Seite wird, sofern eine Kontaktperson bekannt ist, das persönliche Gespräch bevorzugt. Maßgeblich hierbei ist auch die Kompetenz des Ansprechpartners.

Teilweise wird parallel sowohl das persönliche Nachfragen als auch das Nachlesen favorisiert.

Im seltenen Fall wird in allen drei Sachverhalten prinzipiell die Recherche in Dokumentationen dem individuellen Weg vorgezogen.

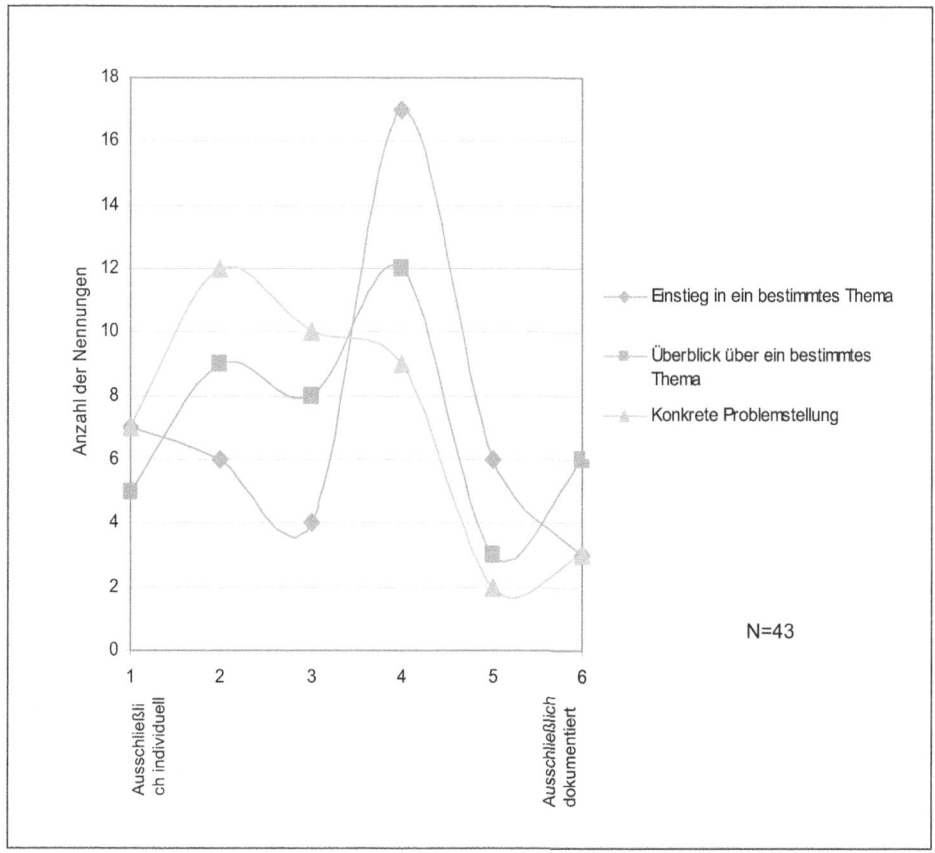

Abbildung 41: *Auswertung Frage 32*

Frage 33
Welche Wissenstransferprozesse vollziehen sich deiner Meinung nach auf dem persönlichen Wege effizienter als mittels technologischer Werkzeuge?

Nachfolgend sind diejenigen Situationen aufgeführt, in denen der Wissenstransfer, gemäß den Aussagen der befragten Mitarbeiter, auf dem persönlichen Wege effizienter verläuft als mithilfe technologischer Tools:

▨ Vermittlung kultureller Konventionen. Das reine Nachlesen unternehmenskultureller Gepflogenheiten erscheint weniger sinnvoll. Gelebte Gesprächskultur, einheitliches Auftreten u. a. kann man sich effizientesten durch das persönliche Erfahren aneignen.

▨ Betreuung und Einarbeitung neuer Mitarbeiter. Das persönliche Heranführen an das Arbeitsumfeld und die vorhandenen Tools ist effizienter als das bloße Lesen von Dokumenten. Die Kommunikation, die Gespräche zwischendurch fördern das gegenseitige Kennenlernen sowie die Integration.

▨ Ebenso verläuft ein Lernprozess erfolgreich, wenn er sich durch Elemente der Interaktion sowie Learning by doing auszeichnet.

▨ Schneller Transfer von Kernwissen.

▨ Verschaffen eines Überblicks. Der persönliche Weg erweist sich hier als effizienter als das Recherchieren und Nachlesen. Umso oberflächlicher der Einstieg, desto sinnvoller ist laut Aussage eines Befragten die persönliche Kommunikation. Benötigt man zu einem bestimmten Thema Anhaltspunkte, wird das persönliche Nachfragen ebenso bevorzugt.

▨ Kompakte Themen, die abgeschlossen sind.

▨ (Projekt-)Spezifische Themen.

▨ Einholen von Erfahrungswissen. Erfahrungen sind als implizites Wissen schwer zu formalisieren, infolgedessen am besten verbal transferierbar.

▨ Vermittlung einerseits von Soft Skills, andererseits von Fähigkeiten, die gewisser Sozialkompetenzen bedürfen.

▨ Aktivitäten, die zwar auch technologisch abgewickelt werden können, jedoch, unterstützt durch die emotionale Komponente, eine höhere Wirkung erzielen (beispielsweise die Pflege externer Kontakte).

▨ Spezifische oder diffizile Problemstellungen. Generell werden Problemstellungen nicht bis ins Detail dokumentiert, lediglich in allgemeiner Form. Im Speziellen transitorische oder seltene Fragestellungen sind bis dato in der Regel nicht schriftlich festgehalten und nur mit geringer Wahrscheinlichkeit und hohem Suchaufwand im Internet zu finden.

▨ Es existieren mehrere Lösungsansätze zu einem Problem, vorerst ist aber nur ein Lösungsweg erforderlich.

▨ Akute Problemstellungen.

▨ Bei einem nicht zu benennenden Problem erscheint es sinnvoll, dieses gemeinsam mit einem Kollegen einzukreisen und schließlich zu lösen.

▨ Austausch von Insiderwissen im Kollegenkreis.

▨ Informationen, die man en passant wahrnimmt; man würde nicht auf die Idee kommen, diese nachzulesen.

Vorrangig wird der individuelle Wissenstransfer bevorzugt, zum einen unter der Prämisse, dass der betreffende Ansprechpartner zunächst einmal bekannt ist: Wer ist in der jeweiligen Materie versiert? Welcher Kollege hatte bereits ein ähnliches Problem? Zum anderen vorausgesetzt, dass die jeweilige Kontaktperson auch fähig ist, ihr Wissen zu artikulieren respektive zu vermitteln. Letzten Endes muss deren Verfügbarkeit sowie Erreichbarkeit gegeben sein.

Außerdem gelangt man gewöhnlich zügiger zu der gewünschten Antwort, wenn der persönliche Weg gewählt wird. Darüber hinaus zeichnen sich die vermittelten Inhalte oftmals durch eine höhere Aktualität aus als verfügbare Dokumentationen.

Die Bedeutung des sozialen Faktors begünstigt die Entscheidung für die persönliche Kommunikation, auch wenn detaillierte Unterlagen vorliegen. Die zwischenmenschlichen Beziehungen, der face-to-face Kontakt zu den Kollegen erlauben Kommunikation und Austausch. Diese Aktivitäten auf sozialer Ebene können durch kein technologisches Tool abgedeckt werden.

Frage 34
Wie sollte ein den Wissenstransfer unterstützendes Werkzeug aufgebaut sein, damit du es nützen würdest?
Welche technologischen sowie inhaltlichen Anforderungen muss es erfüllen?

Wesentliche Anforderungen aus allen 43 Fragebogen:

- *Zugriff:*
  webbasierter Zugriff für alle Mitarbeiter, im Speziellen für diejenigen, die nicht am Standort Röttenbach tätig sind

- *Benutzerfreundlichkeit:*
  Eine intuitive, einfache Bedienung ist essenziell für die Akzeptanz technologischer Werkzeuge und ist durch zahlreiche Faktoren bedingt. Das Navigieren innerhalb des Instrumentes sollte folglich verständlich und schnell erlernbar sein. Eine Nutzung ohne Zeitverlust wird als unerlässlich erachtet.

- *Flexibilität:*
  Die Strukturierung der Inhalte sowie der Funktionalitäten sollte den unterschiedlichen Nutzungsabsichten der Anwender gerecht werden. Denkbar sind hier verschiedene Anwendersichten.

- *Struktur:*
  Wesentlich ist eine übersichtliche, themenorientierte Strukturierung der Inhalte, die eine schnelle Orientierung garantiert und einen ersten Überblick gestattet. Partiell ist ein Verweis auf ausführliche Inhalte erwünscht, wohingegen von einigen Befragten eine Verlinkung zu entsprechenden Kontaktpersonen als ausreichend beurteilt wird. Auch an dieser Stelle sollte es dem Einzelnen gestattet sein, selbst zu entscheiden, ob er tiefer in die Materie einsteigt oder persönlich beim Ansprechpartner nähere Informationen einholt.

- *Möglichkeit der Personalisierung.*

- *Querverweise, Verknüpfungen/Links:*
  Wo bestehen Zusammenhänge? Eine Visualisierung der Zusammenhänge zwischen diversen Themenbereichen.

- *Regelmäßige Pflege und Aktualisierung.*

▦ *Editierfähigkeit:*
Das Einstellen, Aktualisieren und Kommentieren von Beiträgen sollte unkompliziert und ohne größeren Formatierungs- und Zeitaufwand realisierbar sein. Ebenso wird ein bequemes Einfügen von Bildern sowie Dateien gefordert.

▦ *Versionierung:*
Diese ermöglicht das Wiederherstellen früherer Versionen.

▦ *Protokollierung:*
Wer hat wann welche Änderung respektive Löschung vorgenommen?

▦ *Suchfunktion:*
Schnelle und insbesondere relevante Ergebnisse auf eine Suchanfrage sind notwendig.

▦ *Auflistung der Suchergebnisse nach der Häufigkeit respektive Relevanz, inklusive Verlinkungen auf Ansprechpartner, ähnliche Themen und Beiträge.*

▦ *Export in druckbare Form.*

▦ *Basismenge an Wissensinhalten und Informationen.*

▦ *Exposé:*
Die prägnantesten Aussagen eines Dokumentes auf einer Seite erleichtern den Suchprozess. Der Anwender sieht auf einem Blick, ob der betreffende Inhalt für ihn relevant ist oder nicht. Er entscheidet selbst, ob er tiefer einsteigt oder nicht.

▦ *Wiki:*
Im Idealfall ist dieses nach definierten Themen strukturiert; sinnvoll erscheint eine Trennung zwischen einem allgemeinen Wiki, welches sepp.med weite Themenstellungen behandelt, und teambezogenen Wikis.

▦ *Forum:*
In diesem Zusammenhang wird die Notwendigkeit von Moderatoren betont, die in dem betreffenden Verantwortungsbereich versiert sind. Ihre Aufgabe betrifft die Beobachtung eingestellter Inhalte im Hinblick auf Richtigkeit und Aktualität.

▦ *Yellow Pages/Wer weiß was?*
Ein schnelles Auffinden von Wissensquellen im Unternehmen ist von hoher Bedeutung. Wer ist Ansprechpartner zu bestimmten Themen?

▦ *Mitarbeiterprofil:*
Angaben über Abteilung und Erreichbarkeit sind hierbei besonders wichtig.

▦ *Glossar.*

▦ *Checklisten.*

▦ *Prozessdokumentationen.*

▦ *Linksammlungen.*

▨ *Schulungen:*
Schulungsprogramm, Seminarkritiken/-unterlagen.

▨ *Literatursammlungen:*
Welche Literatur ist im Unternehmen vorhanden? Wo befindet sich diese?

Die Auswertung der Mitarbeiterbefragung bestätigt, dass Wissensmanagement im Unternehmen sepp.med gmbh funktioniert, bestätigt aber auch ein sehr hohes Verbesserungspotenzial in den Mitarbeitern selbst.

Über eine Einbeziehung der Auswertungsergebnisse in die strategischen Entscheidungen des Managements wird letztlich die Weiterentwicklung der Wissensmanagementkultur und des Wissensmanagements erfolgen.

Empfehlung

Führen Sie eine Befragung zum Thema Wissensmanagement durch, denn nur wenn Sie über die tatsächliche Situation informiert sind, können Sie die richtigen Entscheidungen zur Entwicklung des Wissensmanagements treffen.

Binden Sie die Ergebnisse der Befragung in Ihre strategischen Entscheidungen ein.

2.   Zweites Beispiel: Endress+Hauser Gruppe[3]

2.1   Vorstellung des Unternehmens

Endress+Hauser ist ein Schweizer Familienunternehmen, was sich in 50 Jahren von einer GmbH zu einer international tätigen Unternehmensgruppe mit ca. 7000 Beschäftigten entwickelt hat. Mit Produktionsstätten in der Schweiz, Deutschland, USA, Japan, Indien und China und ca. 40 Vertriebszentren in 85 Ländern der Welt und einem umfangreichen Projektmanagement bietet Endress+Hauser den Kunden Lösungen an, die sich durch ein breit gefächertes Produktangebot von Messgeräten für die Prozesstechnik auszeichnen. Das Unternehmen löst gemeinsam mit den Kunden und Partnern Mess-, Steuer- und Automatisierungsaufgaben in der Produktion und Logistik der Prozessindustrie.

---

3   Mit freundlicher Unterstützung der Endress+Hauser AG in Reinach, Schweiz, www.endress.com

Jeder Kundenauftrag wird als Vertriebsprojekt behandelt und bedarf demzufolge einer weltweiten Koordination und eines weltweiten Wissenstransfers.

2.2   Realisiertes und realistisches Wissensmanagement

Das Unternehmen betreibt Wissensmanagement in zwei Richtungen:

▦ *Wissensmanagement zur Produktentwicklung und Produktgestaltung*
Hier werden unternehmensinterne und -externe Forschungsleistungen mit Anforderungen der Kunden in den Entwicklungsabteilungen im eigenen Hause zusammengeführt, um zeitnah und vor der Konkurrenz neue Produkte und Lösungen auf den Markt bringen zu können.

▦ *Wissensmanagement zur Vertriebsunterstützung*
Hier wird das weltweit vorhandene Wissen zur Akquise und Durchführung der Vertriebsprojekte ausgetauscht und transformiert, um Projektrisiken so gering wie möglich zu halten und die Kosten zu optimieren.

Wie erfolgt der Wissenstransfer?

Er erfolgt durch

▦ gerichtete Kommunikationsnetze über alle Standorte der Welt,

▦ adäquate Organisationsformen, die die Kommunikation herausfordern bzw. als Notwendigkeit im Arbeitsprozess etablieren.

Durch die Bildung von Strategic Industry Groups (SIG) werden die Vertriebsaktivitäten und Projekte weltweit pro Industriebereich (z. B. Chemie, Pharmazie, Öl und Gas, Energie) koordiniert, und der Austausch von Informationen und Wissen zwischen den SIG wird sichergestellt. Die Strategic Industry Manager (SIM) sind für das Wissensmanagement in den Industrieeinheiten und zwischen den SIG verantwortlich. Sie tragen die Anforderungen an die Produkte zusammen und tauschen Projektinformationen und Projektwissen aus bzw. transformieren Wissen zu den entsprechenden Projekten;

▦ Fachvorträge zu Forschung und Entwicklung und entsprechende Feedback-Bögen der Forscher und Entwickler im Unternehmen,

▦ zahlreiche Netzwerke mit Instituten und Verbänden außerhalb des Unternehmens,

▦ monatliches Treffen der Entwickler zum Austausch von Expertenwissen,

- Produktroadmaps und Workshops zur Vorstellung der geplanten und fertigen Produkte, um Mehrfachproduktion an verschiedenen Standorten zu verhindern,

- eine Ressourcen-Datenbank, die die Mitarbeiter mit ihren Kenntnissen und Fähigkeiten für die einzelnen Regionen beinhaltet,

- Webpages für die Industriebereiche,

- internationale Dokumente wie Sales guidebooks.

Zur Unterstützung der Strategic Industry Groups steht ein Industry MARCOM HUB zur Verfügung, der für alle Industriebereiche gültige elektronische Dokumente enthält und somit eine einheitliche Basis zur Nutzung des expliziten Wissens im Unternehmen garantiert.

Warum funktioniert Wissensmanagement bei Endress+Hauser?

- Weil sich die Unternehmenskultur seit der Gründung des Unternehmens zu einer Kultur der offenen und konstruktiven Kommunikation, der Achtung interkultureller Unterschiede und der Übertragung von Verantwortung entwickelt hat.

- Weil geprägt durch die Familienstruktur an der Spitze des Unternehmens und deren Vorbildwirkung eine Atmosphäre des Vertrauens und gegenseitiger Achtung entwickelt wurde und weiter entwickelt wird.

- Weil ein flexibles und modernes Organisationsmanagement nicht hinter der Geschäftsstrategie herläuft, sondern Bestandteil der Geschäftsstrategie ist bzw. als Voraussetzung für das Erreichen der Ziele erkannt wurde.

- Weil solche Leitsätze wie „Wir geben Freiräume, auch für die Weiterentwicklung", „Wir lernen aus Fehlern" und „Wir kultivieren den Teamgeist" keine hohlen Phrasen sind, sondern gelebt werden.

Empfehlung

Entwickeln Sie bewusst eine Kommunikationskultur.

Das bedeutet auch Kommunikationswege, Hol- und Bringschuld und Kommunikationsmengen zu definieren.

Setzen Sie nicht alle und jeden in CC.

Denken Sie kontinuierlich über kommunikationsfördernde Organisationsformen für ihr Unternehmen nach.

3.   Drittes Beispiel: Le Bihan Consulting GmbH[4]

3.1   Vorstellung des Unternehmens

Le Bihan Consulting ist einer der führenden Anbieter von Beratung, Software und Dienstleistungen im Bereich Projekt- und Portfoliomanagement. Als Teil der Le Bihan Gruppe ist das Unternehmen an vier Standorten in Europa – in Deutschland, Frankreich, England und der Schweiz – vertreten. Seit über 20 Jahren begleitet das Beratungshaus mit seinen rund 100 Mitarbeitern Konzerne und mittelständige Unternehmen bei der Evaluierung, Einführung und Weiterentwicklung von Projektmanagementlösungen.

Die Le Bihan Consulting GmbH in Deutschland betreut über 3.000 Kunden und zeichnet sich in der Beratungsleistung sowohl durch Prozess- und Methoden- als auch durch Toolkompetenz aus. Mit dieser eher selten anzutreffenden Ausrichtung verbindet Le Bihan Consulting die Vorteile eines Toolanbieters (Umsetzungskompetenz) mit denen einer klassischen Unternehmensberatung (methodische Kompetenz).

Das Unternehmen vertreibt und implementiert zwei Produkte (Tools) mit dem inhaltlichen Fokus auf Multiprojekt- und Portfoliomanagement.

Das Produkt PSNext ist ein vollständig webbasiertes Projektmanagementtool mit Multiprojekt- und Projektportfoliofunktionalitäten. Dank eines konsequenten rollenbasierten Ansatzes zeichnet es sich durch eine einfache Benutzerführung (easy-to-use) aus. Die Anpassbarkeit wurde in der Presse ebenfalls als bemerkenswert unkompliziert herausgestellt: Customizing im Do-it-yourself.

Das Produkt OPX2 ist eine High-End-Lösung, deren Besonderheit in der Architektur liegt: mit Hilfe des leistungsfähigen OPX2 Pro wird das webbasierte Frontend für die Nutzer dimensioniert. Dadurch entsteht – auf Basis eines bestehenden Standards – eine auf den jeweiligen Nutzer abgestimmte, einfach zu bedienende Lösung, die im Bedarfsfall jedoch äußerst flexibel angepasst und erweitert werden kann. Die flexible Anpassung entsteht dadurch, dass sowohl das Datenmodell als auch die Funktionalitäten beinahe beliebig erweitert werden können.

---

[4]   Mit freundlicher Unterstützung der Le Bihan Consulting GmbH in Taunusstein, Deutschland,
www.lebihan.de

3.2   Realisiertes und realistisches Wissensmanagement

Das Unternehmen betreibt Wissensmanagement in zwei Richtungen:

1. *Wissensmanagement zur Vertriebsunterstützung*
   Hier wird das weltweit vorhandene Wissen zur Akquise und zur Durchführung der Vertriebsprojekte gezielt ausgetauscht. Dies geschieht zum einen durch regelmäßige Vertriebsmeetings, in denen das im Unternehmen vorhandene Wissen – insbesondere über die anstehenden Vertriebsprojekte – zwischen den beteiligten Wissensträgern ausgetauscht wird. Zum anderen zeichnet sich der Vertrieb speziell im Lösungsmarkt durch eine strategische Vorgehensweise aus, die gezielt vorhandenes Wissen abruft und in den Vertriebsprozess einbindet: Der vertriebliche Fortschritt wird regelmäßig in entsprechenden Sitzungen überprüft. Dabei liegt der Fokus auf der Frage: wie komme ich im Vertriebsprozess weiter, wie kann ich die nächste Stufe erreichen? Auf Basis der Signale, die vom potenziellen Kunden kommen (oder auch gerade nicht kommen), werden diejenigen Wissensträger identifiziert und eingebunden, die an ähnlichen Stellen in vergleichbaren Vertriebsprozessen gestanden haben. Des Weiteren werden Strategien mit Kollegen diskutiert, die nicht in den Vertriebsprozess eingebunden sind. Hier liegt der Fokus darauf, wie ein Außenstehender die Strategie beurteilt. Durch eine Standardisierung des Vertriebsprozesses wurde erreicht, dass Wissensmanagement kein Zufallsprodukt ist, sondern systematisch betrieben wird.

2. *Wissensmanagement bei der Auftragsrealisierung (Projektrealisierung) beim Kunden*
   Jeder Kundenauftrag ist ein Projekt und bedarf demzufolge einer Behandlung nach den Regeln des Projektmanagements und eines unternehmensweiten Wissenstransfers. Momentan wird jedes Projekt durch ein auf das Geschäft des Unternehmens angepasstes Vorgehensmodell methodisch unterstützt. Abbildung 42 zeigt das gegenwärtig im Unternehmen zum Standard erhobene Vorgehensmodell, eingebettet in einen iterativen Realisierungsprozess.

Da das Management des Unternehmens von der Bedeutung und dem Nutzen der Einbeziehung eines realistischen Wissensmanagements in all ihre Geschäftsprozesse überzeugt ist, wurden unterstützende Maßnahmen zum Wissenstransfer in das Vorgehensmodell einbezogen. Damit wird der Wissenstransfer bewusst gemacht, als prüfbarer Arbeitsschritt gefordert und nicht dem Zufall überlassen. Abbildung 43 zeigt das zukünftige Vorgehensmodell unter Einbeziehung des Wissenstransfers.

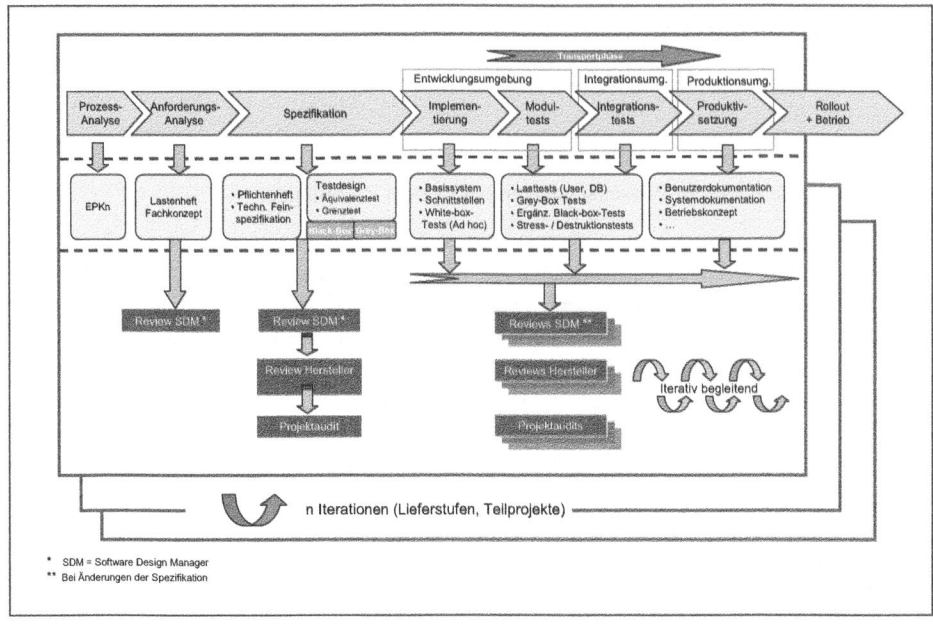

Abbildung 42: *Gegenwärtiges Vorgehensmodell*

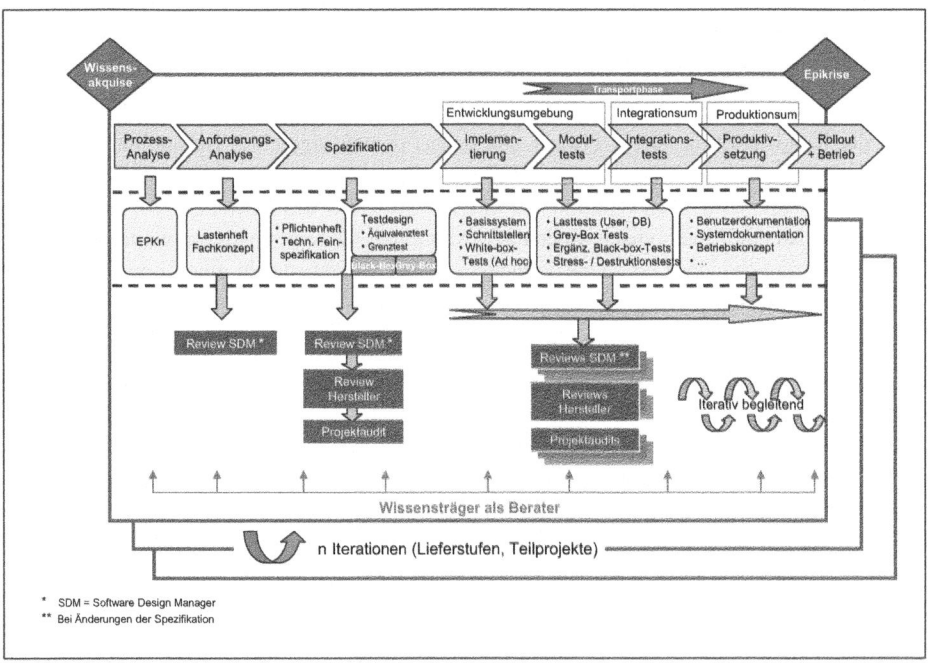

Abbildung 43: *Zukünftiges Vorgehensmodell*

Nach Abschluss jedes Projektes wird eine Epikrise mit Hilfe eines Fragebogens durchgeführt, um eine kritische Nachbetrachtung des Projektverlaufs einschließlich der handelnden Personen und der erreichten Projektergebnisse aus Sicht des Projektleiters zu erhalten und damit implizites Wissen abzufragen und anderen Projekten zur Verfügung zu stellen (siehe auch Punkt 4.4.3). Die Epikrise wird mit Hilfe eines Fragebogens vom Projektleiter selbst vorbereitet und in Form eines epikritischen Interviews anschließend gemeinsam mit einem Auditor verifiziert.

Im Unternehmen wurde erkannt, dass die Abgabe von implizitem Wissen an drei Bedingungen geknüpft ist:

- an die Bereitschaft zur Weitergabe,

- an die Fähigkeit zur Weitergabe und

- an die Fähigkeit zur Einschätzung der Wichtigkeit von implizitem Wissen zu verschieden Zeitpunkten (Horizonte).

Um den Projektleiter in diesem wichtigen, aber nicht einfachen Transferprozess zu unterstützen und zu begleiten, stehen ihm erfahrene Projektleiter aus anderen Projekten bzw. Senior Manager aus dem Unternehmen zur Seite.

Vor allem die Senior Manager, die über Projektwissen und Abstraktionsvermögen verfügen sind in der Lage, aus der Adlerperspektive Problem- und Lösungssichten zu entwickeln, die zur Risikominimierung und damit zu qualitativ hochwertigen Ergebnissen für den Kunden führen.

Die Senior Manager werden bei Projekten mit über 100 Personentagen nicht nur beim Wissenstransfer, sondern auch während des gesamten Projektes als Berater zur Verfügung stehen.

Im zukünftigen Vorgehensmodell ist des weiteren vorgesehen, vor Beginn eines Projektes eine Wissensakquise vom Projektleiter zur Identifizierung der Wissensträger durchzuführen. Damit wird nicht nur das im Unternehmen vorhandene explizite Wissen, sondern auch und vor allem das implizite Wissen bereits vor Beginn des Projektes herangezogen.

Da die Projektleiter normaler Weise keinen Nutzen in epikritischen Betrachtungen erkennen, da sie die Einzelsicht und nicht die unternehmensweite Sicht auf die Projekte haben, denkt das Management über eine Qualitätssicherung des Wissensmanagements in der Projektarbeit nach. Ein erster Schritt dazu wäre eine Verankerung aller Maßnahmen zum Wissenstransfer in den Zielvereinbarungen der Projektleiter. Damit werden diese Aktivitäten mit hoher Priorität ausgestattet und überprüfbar.

Welchen Nutzen verspricht sich das Unternehmen durch die Anbindung des Wissensmanagements an das Projektmanagement zur Realisierung der Kundenaufträge?

- Befriedung des Qualitätsanspruchs an die Leistung gegenüber dem Kunden,

- frühzeitige Weichenstellung und Reaktion bei schwachen Signalen,

- Risikominimierung und

- vor allem bei Festpreisprojekten keine unbezahlten Leistungen durch Termin- und Budgeteinhaltung.

Wie erfolgt der Wissenstransfer?

Er erfolgt durch

- Beratung der Projektleiter durch Wissensträger und Erstellung einer Epikrise nach Abschluss eines jeden Projektes (wie bereits beschrieben),

- permanente, terminlich fixierte Meetings, Consulting Meetings ein Mal monatlich und Sales Meetings ein Mal wöchentlich, die den projektübergreifenden Informations- und Wissensaustausch fördern,

- Talks, die sofort und kurzfristig einberufen werden können und neben dem Wissenstransfer vor allem der Wissenstransformation dienen. Hier wird nicht nur Wissen empfangen, sondern das Verständnis geprüft und die Umsetzung vorbereitet.

- Elektronische Dokumente, die projektbegleitend entstehen und für die Wissenssuchenden abrufbereit vorliegen, z.B. Projektstatusberichte, Meilensteinprotokolle, Jour-fixe-Protokolle Projektsteckbriefe, Projekttagebücher.

- Projektsteckbriefe sind aktuelle Dokumente, die für den Projektleiter und das Management alle wichtigen Projektinformationen mit Hilfe von Ampelfarben verdeutlicht.

- Projekttagebücher, die der Projektleiter projektbegleitend führt und aus denen die Projektentwicklung im Detail entnommen werden kann. Sie stellen wichtige Dokumente für das Management dar, zumal es sich hier um subjektive Einschätzungen des Projektleiters handelt.

Warum funktioniert Wissensmanagement bei Le Bihan Consulting?

- Weil sich die Unternehmenskultur seit Bestehen des Unternehmens zu einer wertschätzenden Hochleistungskultur mit entsprechenden Bewertungsinstrumenten und dem dazugehörigen Vertrauen gegenüber dem Management und gegenüber jedem Kollegen entwickelt hat.

- Weil die Unternehmenskultur die Mitarbeiter an der Gestaltung der Strategie des Unternehmens mitwirken bzw. teilhaben lässt. Damit werden ein Wir-Gefühl und ein Gefühl der aktiven Beeinflussung der Unternehmensergebnisse erzeugt.

- Weil im Unternehmen Voraussetzungen für Hochleistung geschaffen wurden. Mit Transparenz, effizienter Kommunikation und bewusst etablierten Beratungs- und Unterstützungsfunktionen im Leistungsprozess werden die Mitarbeiter zur Leistungserbringung mit höchster Qualität und zur Ehrlichkeit bei der Offenlegung der Ergebnisse motiviert.

▦ Weil im Unternehmen auf eine sich ständig weiterentwickelnde Kommunikationskultur Wert gelegt wird. Das heißt bei Le Bihan:

- Kommunizieren ohne Angst vor schlechter Bewertung und schlechten Leumund. Was nützen schön gefärbte Projekttagebücher? Gerade diese subjektiven Bewertungen werden als wertvolle Hilfe im Projektrealisierungsprozess angesehen und ohne negative Vorzeichen zur Risikominimierung benutzt.
- Kommunizieren ohne Angst, wertvolles Wissen für Andere aus der Hand zu geben und selbst auf der Strecke zu bleiben.
- Kommunizieren in der Hoffnung, nicht nur Informationen und Wissen zu nehmen, sondern auch zu geben.

▦ Weil im Unternehmen auf das Kerngeschäft ausgerichtete flexible Organisationsstrukturen geschaffen worden sind, die wiederum eine Voraussetzung für effiziente Kommunikation darstellen.

▦ Weil im Unternehmen die Ambivalenz von Wissenstransfer und Wissenstransformation verstanden und gelebt wird. So werden nicht nur die Transferprozesse und Transferinstrumente bewusst gestaltet, sondern es wird auch der Wissenstransformation ein hoher Stellenwert eingeräumt.

Mit Hilfe von gezielten Fragestellungen zur Überprüfung des Verständnisses und einem Monitoring der Umsetzung werden die Transformationsprozesse aktiv geführt und unterstützt.

▦ Weil im Unternehmen ein hoher Grad der Verbindlichkeit im Kommunikationsprozess besteht. Ohne gelebte Verbindlichkeit bleiben Forderungen im Tagesgeschäft auf der Strecke und die Monitoringprozesse werden zu Formalismen mit Aufwand, aber ohne Ergebnisse.

Empfehlung

Verankern Sie den Wissenstransfer in ihrem Vorgehensmodell zur Projektrealisierung. Das entwickelt neben dem Nutzen für das Projektgeschäft ein Gefühl für bewusste Abgabe und bewusste Aufnahme von Wissen.

Achten Sie strikt auf Verbindlichkeit im Kommunikationsprozess und erziehen Sie durch Monitoring zur Verbindlichkeit.

Stellen Sie öfter mal die Frage: „Wie verbleiben wir denn jetzt?"

Die bei allen drei Unternehmen genannten Gründe für das Funktionieren von Wissensmanagement reichen schon aus, um Wissensmanagement nicht per Deklaration anzuordnen und per Computer zu formalisieren und zu administrieren, sondern Wissensmanagement in den Köpfen der Mitarbeiter und durch ihre Kommunikation stattfinden zu lassen.

Ausblick

Es ist erhebend, über die immaterielle Ressource Wissen für kleine und mittlere Unternehmen zu reflektieren und diese wie etwas „Wunderbares" für jedes Unternehmen zu preisen, wohl wissend, dass früher oder später alle Unternehmen mit ihrer Bedeutung und Handhabung konfrontiert werden.

In unserer Welt der materiellen Begrenztheit sind es nun mal immaterielle Ressourcen wie die Informationen und das Wissen, die Lernfähigkeit und die Gabe der Menschen neue Ideen zu kreieren, deren Intensität über die Wertschöpfung und später über die Marktfähigkeit der Produkte entscheidet.

Von der Einbeziehung und der Beherrschung ihrer Wirkung wird die Zukunft jedes Unternehmens abhängen. Umso wichtiger ist es, die Unternehmen auf diesem Wege nicht allein zu lassen, sondern mit realisierbaren Vorschlägen zu begleiten.

Was gehört aber nun zu den Grundvoraussetzungen, welche eine effiziente Einbeziehung der immateriellen Ressource Wissen in die Geschäftsprozesse erlauben und Geschäftserfolg dominieren?

Beginnt es doch bereits mit den Begrifflichkeiten Wissen und Wissensmanagement.

Wissen nicht nur als Informationen und Kenntnisse über ein Fachgebiet, sondern als erprobte, mit Erfahrungen hinterlegte Kenntnisse wahrzunehmen, ist eine dieser Grundvoraussetzungen. Das bewirkt wiederum, Wissen unbedingt und unabänderlich mit den im Arbeitsprozess handelnden Personen in Verbindung zu bringen und als Voraussetzung und als Ergebnis von Handlungsprozessen zu sehen. Demzufolge besteht eine enge, nicht standardisierbare Bindung des Wissens an die individuellen Bedingungen des Menschen. Wissen ist und bleibt nicht quantifizierbar, nur zum Teil kalkulierbar und auch nur zum Teil kommunizierbar.

Und das sind die Herausforderungen für das Wissensmanagement.

Beim Wissensmanagement geht es in der Hauptsache nicht um die Ablage von explizitem Wissen in einem Dokumentenmanagementsystem oder in Wissensdatenbanken, versehen mit Suchmaschinen zum Wiederfinden. Hier geht es um Kommunikation zwischen den Menschen, um Wissen zu transferieren und, viel wichtiger, um Wissen zu transformieren.

Die Wissenstransformation als Zünglein an der Waage zum anwendungsbereiten Wissen stellt die Brücke zur tatsächlichen Nutzung des Wissens dar. Die Beherrschung der Transformationsprozesse erfordert das Wollen der handelnden Personen und eine adäquate Methodik.

Wissenstransfer und Wissenstransformation können heute nur mit Unterstützung der modernen Informations- und Kommunikationstechnologien geschehen. Diese ersetzen zum Glück nicht die Individualität und Intelligenz des Menschen, seine Fähigkeit zur Einschätzung des benötigten Wissens, zur Bewertung des aufgefundenen bzw. vorhandenen Wissens und zur Umwandlung in anwendungsbereites Wissen. Die Konzentration auf die Unterstützung dieser Prozesse, verbunden mit der Suche nach neuen Wegen und Methoden zur Wissenstransformation, wird zukünftig das Wissensmanagement prägen.

Die Verbindung des Projektmanagements mit Wissensmanagement ist die einzig wirkliche Alternative, Projekte entsprechend den Projektzielen und Kundenwünschen erfolgreich durchzuführen. Da die Projektarbeit zu den wissensintensivsten Prozessen zählt, kann dort auch nur über den effizienten Einsatz des Wissens Erfolg generiert werden. Wissensmanagement in Projekten und für Projekte zu betreiben, das ist letztlich der Schlüssel zum Geschäftserfolg.

Erfolgreich wird die Liaison zwischen Projekt- und Wissensmanagement nur, wenn die Art der Wirkungszusammenhänge zwischen den beteiligten Komponenten transparent ist und die Wirkungsrichtung vom Management beachtet wird.

Wichtige Komponenten stellen zum Beispiel die Projektaufgabe, die beteiligten Projektmitarbeiter und die unterstützenden Methoden und Werkzeuge dar. Wird der Ausgangspunkt beim Menschen mit seinem Wissen, seinen Fähigkeiten, seiner Kompetenz und seiner intrinsischen Motivation gewählt, dann wird es künftig weniger erfolglose Projekte oder Projektabbrüche aus Gründen der inhaltlichen oder technischen Überforderung geben. Auch das Problem „Zeitdruck" wird sich lösen lassen, allerdings mit Konsequenzen für Kunden und Aufgabenumfänge, die nicht immer angenehm sind, aber sich langfristig auszahlen.

Nicht Perfektionismus in der Netzplantechnik oder unendliche Auswahlprozesse für Projektmanagementsoftware führen zu erfolgreicheren Projekten, sondern im optimierten Einsatz aller Ressourcen liegt der Schlüssel zum Erfolg. Dabei muss sich die Optimierung nach der „führenden Komponente" richten. *Die führende Komponente in diesem Prozess ist eindeutig die immaterielle Ressource Wissen.*

Und da das Wissen, wie bereits beschrieben, sowohl explizit als auch implizit auftritt, in beiden Fällen allerdings für die Projektarbeit transferiert und transformiert werden muss, ist das nicht nur die Aufgabe der Projektmanager, sondern auch der Personalmanager und Personalentwickler und nicht zuletzt auch der IT-Manager. Zur Einbeziehung der immateriellen Ressource Wissen bedarf es einer Zusammenarbeit des Managements mit einheitlichen Zielen und organisatorischen Regelungen, die zu einem kulturellen Umfeld des Vertrauens und der offenen Kommunikation führt.

Genau das ist dann der Handlungsrahmen für wissensbasiertes Projektmanagement. Nur so ist Wissensmanagement im Projektmanagement erfolgreich. Das richtige Wissen für die richtige Aufgabenstellung, am richtigen Ort, zur richtigen Zeit und im richtigen Umfang zu haben, wird den Unternehmen Wettbewerbsvorteile verschaffen.

Literaturverzeichnis

AL-LAHAM 2003: Al-Laham, A.: Organisationales Wissensmanagement, eine Strategische Perspektive, Verlag Franz Vahlen, München 2003

AMELINGMEYER 2004: Amelingmeyer, J.: Wissensmanagement, Analyse und Gestaltung der Wissensbasis von Unternehmen, 3. Aufl., Gabler Verlag, Wiesbaden 2004

HANNIG 2002: Hannig, U.: Knowledge Management + Business Intelligence = Decision Intelligence, in: Hannig, U. (Hrsg.): Knowledge Management und Business Intelligence, Springer Verlag, Berlin/Heidelberg 2002

BOTTON 2004: Botton, A. de: Immer Stress mit dem Status, Fischer Verlag, Frankfurt am Main 2004

BRODBECK 1995: Brodbeck, K.H.: Entscheidung zur Kreativität, Wissenschaftliche Buchgesellschaft, Darmstadt 1995

DAENZER 2002: Daenzer, W.: Systems Engineering, 11. Aufl., Verlag Industrielle Organisation, Zürich 2002

DAVENPORT ET AL. 1999: Davenport, T., Prusak, L.: Wenn ihr Unternehmen wüsste, was es alles weiß …: das Praxisbuch zum Wissensmanagement, 2. Aufl., Verlag Moderne Industrie, Landsberg/Lech 1999

DEMARCO 1998: DeMarco, T.: Der Termin, Ein Roman über Projektmanagement, Carl Hanser Verlag, München/Wien 1998

DÖRNER 2006: Dörner, D.: Die Logik des Misslingens, Strategisches Denken in komplexen Situationen, 5. Aufl., Rowohlt Taschenbuch Verlag, Reinbek bei Hamburg 2006

FERRO 2007: Ferro, F.: Wissen – Der Schlüssel zu erfolgreichen Projekten, in: Wissensmanagement, Das Magazin für Führungskräfte, 8/2007, S. 26-27

GARTNER ET AL. 2000: Gartner, P., Wuttke, T.: Projektmanagement. A guide to the Project Management Body of Knowledge, deutsche Übersetzung der Originalausgabe des PMI Standard Comittee USA, Rhombos-Verlag, Berlin 2000

GÜLDENBERG 2001: Güldenberg, S.: Wissensmanagement und Wissenscontrolling in lernenden Organisationen, 3. Aufl., in: DUV Wirtschaftswissenschaft, Edition Österreichisches Controller-Institut, Deutscher Universitäts-Verlag, Wiesbaden 2001

HARTMANN 2007: Hartmann, I.: Optimierung des Wissenstransfers im Unternehmen sepp.med gmbh, Diplomarbeit, Würzburg 2007

HOFFMAN 2004: Hoffmann, H.-E.: Die Bedeutung kultureller Unterschiede, in: Internationales Projektmanagement, Interkulturelle Zusammenarbeit in der Praxis, Hrsg.: Hoffman, H.-E., Schoper, Y.-G., Fitzsimons, C., Deutscher Taschenbuch Verlag, München 2004

HOPFENBECK ET AL. 2001: Hopfenbeck, W., Müller, M., Peisl, T.: Wissensbasiertes Management, Verlag Moderne Industrie, Landsberg/Lech 2001

HÜTTENEGGER 2006: Hüttenegger, G.: Open Source Knowledge Management, Springer Verlag, Berlin/Heidelberg 2006

JENNY 2003: Jenny, B.: Projektmanagement, Das Wissen für eine erfolgreiche Karriere, vdf Hochschulverlag AG an der ETH, Zürich 2003

KREIDENWEIS ET AL. 2006: Kreidenweis, H., Steincke, W.: Wissensmanagement, Nomos Verlagsges. MBH+Co, Baden-Baden 2006

KREITEL 2004: Kreitel, A.: Knowledge-based Projektmanagement, Aus Erfahrungen für die Zukunft lernen, 10. Projektmanagement-Symposium, Zürich 2004

LEHNER 2006: Lehner, F.: Wissensmanagement, Grundlagen, Methoden und technische Unterstützung, Carl Hanser Verlag, München/Wien 2006

LIESSMANN 2006: Liessmann, K. P.: Der Geist weht, wo er will, 5. Wiener Karl Kraus Vorlesung, Institut für Philosophie Universität Wien, Wien 2006

LINDE 2004: Wissensmanagement: Ziele, Strategien, Instrumente, in: Müller-Christ, G., Hülsmann, M. (Hrsg.), Modernisierung des Managements, Festschrift, Wiesbaden 2004 www. fbi.fh-koeln.de vom 20.04.2008

MAANI ET. AL. 2000: Maani, K.E., Cavana, R.Y.: Systems Thinking and Modelling, Understandig, Change and Complexity, Albany/Auckland, Neuseeland 2000

MAIER 2004: Maier, R.: Knowledge Mangement Systems, Springer Verlag, Berlin/Heidelberg 2004

MAY 2006: May, E.: Erarbeitung einer Konzeption zur Einführung eines Lessons Learned Systems bei der ZF Sachs AG, Diplomarbeit, Würzburg 2006

MEYER 1992: Meyers Großes Taschenlexikon in 24 Bänden, Bd. 12, 4. Aufl., B.I.-Taschenbuchverlag, Mannheim 1992

NONAKA ET AL. 2 1997: Nonaka, I., Takeuchi, H.: Die Organisation des Wissens, Campus Verlag, Frankfurt am Main 1997

NONAKA ET AL. 1 1995: Nonaka, I., Takeuchi, H.: The Knowledge Creating Company – How Japanese Companies Create the Dynamics of Innovation, Oxford University Press, New York/Oxford USA 1995

NORTH 2005: North, K.: Wissensorientierte Unternehmensführung, Wertschöpfung durch Wissen, 4. Aufl., Gabler Verlag, Wiesbaden 2005

OELSNITZ ET AL. 2003: Oelsnitz, D. von der, Hahmann, M.: Wissensmanagement, Strategie in wissensbasierten Unternehmen, Kohlhammer Verlag, Stuttgart 2003

PROBST ET AL. 2003: Probst, G., Raub, S. , Romhardt, K.: Wissen managen – Wie Unternehmen ihre wertvollste Ressource optimal nutzen, 4. Aufl., Gabler Verlag, Wiesbaden 2003

REGNET 2007: Regnet, E.: Konflikt und Kooperation, in: Praxis der Personalpsychologie, Human Resource Management kompakt, Bd. 14, Hogrefe Verlag, Göttingen 2007

SABEL 2007: Sabel, D.: Strategisches Management durch systemisches Denken und Modellieren, Diplomarbeit, Würzburg 2007

SAINT-EXUPERY 2004: de Saint-Exupery, A., Der kleine Prinz, Karl Rauch Verlag, Düsseldorf 2004

SCHARPE 1992: Scharpe, J.: Strategisches Management im Mittelstand: Probleme der Implementierung und Ansätze zur Lösung, J. Eul Verlag, Köln/Lohmar 1992

SCHINDLER 2002: Schindler, M.: Wissensmanagement in der Projektabwicklung – Grundlagen, Determinanten und Gestaltungskonzepte eines ganzheitlichen Projektmanagements, Josef Eul Verlag, Köln 2002

SCHUBERT 2006: Schubert, K., Klein, M.: Das Politiklexikon, 4. Aufl., Dietz Verlag, Bonn 2006

SENGE 2003: Senge, P.M.: Die Fünfte Disziplin, 9. Aufl., Klett Cotta Verlag, Stuttgart 2003

SIMON 1999: Simon, H.: Wunsch – Wissen, in: managermagazin 11/1999, 307-308

SPRENGER 1999: Sprenger, R.: Die Entscheidung liegt bei dir! Wege aus der alltäglichen Unzufriedenheit, 8.Aufl., Campus Verlag, Frankfurt am Main 1999

WOLFF 2006: Wolff, H.: Customer Knowledge Management Umsetzung in einem Kleinstunternehmen, Diplomarbeit, Würzburg 2006

Sonstige Quellen

BEACH 2007: www.systematiccare.net

DIN 69901: DIN 69 901, Begriffe Projekt, Projektmanagement, Deutsches Institut für Normung, Frankfurt am Main 1987

FEHLER 2007: www.jeder-fehler-zaehlt.de

IWD 2002: Mittelstand in Deutschland, Wunsch und Wirklichkeit, in: Iwd 44/2002

IMPULSE 2005: Impulse, Deutscher Sparkassen- und Giroverband, Köln/Berlin 2005

LEXIKON 2004: Das Lexikon der Wirtschaft. Grundlegendes Wissen von A-Z, 2. Aufl., Bibliographisches Institut Mannheim & F A. Brockhaus, 2004, Lizenzausgabe Bonn, Bundeszentrale für politische Bildung 2004

PMBOK 2005: PMBOK-Guide – Third Edition Excerpts, Projects Management Institute, Inc., 2005

Die Autorin

Prof. Dr. sc. W. Angelika Kreitel
lehrt Wirtschaftsinformatik an der Fakultät Betriebswirtschaft der
Hochschule für angewandte Wissenschaften Würzburg-Schweinfurt.
Ihre Erfahrungen in den Bereichen Wissensmanagement und Projektmanagement erwarb sie sich als langjährige Projektmanagerin im
Bankenbereich und durch langjährige Unternehmensberatung auf
nationalem und internationalem Parkett.

Stichwortverzeichnis

U

V

W

Z

Managementwissen:
kompetent, kritisch, kreativ

Wissen für den Mittelstand

Verantwortung neu denken

Eine einmalige Darstellung von guter Unterneh-
menspraxis basierend auf der umfangreichsten
Sammlung mittelständischen Engagements
in Deutschland. Zehn Erfolgsgeschichten erzählen, wie Unternehmer sich in ihrer Region
gesellschaftlich engagieren und wirtschaftliche
Nachhaltigkeit erzielen. Lösungsorientiert und
praxisbezogen werden CSR-Gestaltungshinweise
abgeleitet, die konkrete Tipps und Unterstützung
geben.

Bertelsmann Stiftung (Hrsg.)
Mit Verantwortung handeln
Ein CSR-Handbuch
für Unternehmer
2008. 212 S.
Mit zweifarbigen Abb.
und Illustrationen
Br. EUR 39,90
ISBN 978-3-8349-0777-6

Umfassendes Know-how für erfolg-
reiche Unternehmensführung

Der Mittelstand bildet das Rückgrat der deutschen Wirtschaft. Das Autorenteam aus Prak-
tikern, Managern, Beratern und Unternehmern
bietet umfassendes Know-how und schildert
die Erfahrungen erfolgreicher mittelständischer
Unternehmen

Heinrich Haasis | Thomas R. Fischer |
Diethard Simmert (Hrsg.)
Mittelstand hat Zukunft
Praxishandbuch für eine erfolg-
reiche Unternehmenspolitik
2007. XII, 672 S.
Geb. EUR 69,90
ISBN 978-3-8349-0367-9

Spannungsfelder in der Unternehmer-
familie und im Familienunternehmen
konstruktiv ausbalancieren

Die Autorin beschreibt die enge Verbindung, den
Zusammenhang und die Wechselwirkungen zwischen Eigner- und Unternehmensstrategie. Parallel dazu erläutert sie anhand zahlreicher Beispiele
die Besonderheiten, Herausforderungen und die
vielfältigen Anforderungen, denen die Mitglieder
einer Unternehmerfamilie gegenüberstehen. Eine
klar strukturierte Lektüre mit vielen konkreten
Anregungen.

Anna Meyer
**Unternehmerfamilie und
Familienunternehmen erfolg-
reich führen**
Unternehmertum fördern,
Führungskultur entwickeln,
Konflikte konstruktiv lösen
2007. 200 S.
Geb. EUR 39,90
ISBN 978-3-8349-0340-2

nderungen vorbehalten. Stand: Januar 2008.
Erhältlich im Buchhandel oder beim Verlag.
Gabler Verlag · Abraham-Lincoln-Str. 46 · 65189 Wiesbaden · www.gabler.de

GABLER

Demografischer Wandel

Wie Unternehmen sich auf den demografischen Wandel vorbereiten

Unternehmen müssen intern und extern strukturelle und strategische Maßnahmen treffen und funktionale Werkzeuge nutzen, um den zukünftigen Markt- und Arbeitsmarktanforderungen gerecht zu werden. Dieses Buch stellt Best-Practice-Beispiele vor.

Guido Happe (Hrsg.)
Demografischer Wandel in der unternehmerischen Praxis
Mit Best-Practice-Berichten
2007. 300 S.
Geb. EUR 44,90
ISBN 978-3-8349-0306-8

Dem demografischen Wandel erfolgreich begegnen – die betriebliche Sicht

Mit besonderem Blick auf Potenziale und Risiken bei älteren Fach- und Führungskräften behandeln die Autoren betriebliche Handlungsfelder wie Kommunikation und Bewusstseinswandel, Personalbeschaffung, Personalentwicklung, Vergütung, Arbeitsplatzgestaltung und -organisation, Gesundheit und Mitarbeiterführung.

Uwe Brandenburg |
Jörg-Peter Domschke
Die Zukunft sieht alt aus
Herausforderungen des demografischen Wandels für das Personalmanagement
2007. ca. 244 S.
Br. ca. EUR 39,90
ISBN 978-3-8349-0123-1

Demografischer Wandel im Unternehmen aus einer strategischen Perspektive betrachtet!

Das Werk legt – vom Personaleintritt bis hin zum Austritt – praxisorientierte Instrumente zum Umgang mit der Thematik Demografische Veränderung in Unternehmen dar, es beschreibt internationale Erfahrungswerte und zeigt den strategischen Bezug auf.

Melanie Holz |
Patrick Da-Cruz (Hrsg.)
Demografischer Wandel in Unternehmen
Herausforderung für die strategische Personalplanung
2007. 275 S. Mit 30 Abb.
Geb. EUR 44,90
ISBN 978-3-8349-0493-5

nderungen vorbehalten. Stand: Januar 2008.
Erhältlich im Buchhandel oder beim Verlag.
Gabler Verlag . Abraham-Lincoln-Str. 46 . 65189 Wiesbaden . www.gabler.de

GABLER

GPSR Compliance

The European Union's (EU) General Product Safety Regulation (GPSR) is a set of rules that requires consumer products to be safe and our obligations to ensure this.

If you have any concerns about our products, you can contact us on ProductSafety@springernature.com

In case Publisher is established outside the EU, the EU authorized representative is:

Springer Nature Customer Service Center GmbH
Europaplatz 3
69115 Heidelberg, Germany

The manufacturer's authorised representative in the EU is Springer
Nature Customer Service Centre GmbH, Europaplatz 3, 69115 Heidelberg,
Germany. If you have any concerns regarding our products, please
contact ProductSafety@springernature.com

Printed and bound by CPI Group (UK) Ltd, Croydon, CR0 4YY
24/04/2026
02096312-0018